Manual do jornalismo esportivo

Heródoto Barbeiro
Patrícia Rangel

Manual do jornalismo esportivo

editora**contexto**

Copyright© 2006 Dos autores
Todos os direitos desta edição reservados à
Editora Contexto (Editora Pinsky Ltda.)

Coordenação Coleção Comunicação
Luciana Pinsky

Montagem de capa e diagramação
Gustavo S. Vilas Boas

Preparação de originais
Celso de Campos Jr.

Revisão
Ruy Azevedo

Dados Internacionais de Catalogação na Publicação (CIP)
(Câmara Brasileira do Livro, SP, Brasil)

Barbeiro, Heródoto
Manual do jornalismo esportivo / Heródoto Barbeiro, Patrícia
Rangel. – 2. ed., 2ª reimpressão. – São Paulo: Contexto, 2024.

Bibliografia.
ISBN 978-85-7244-315-9

1. Jornalismo esportivo I. Rangel, Patrícia. II. Título.

06-3382 CDD-070.449796

Índice para catálogo sistemático:
1. Jornalismo esportivo   070.449796

2024

Editora Contexto
Diretor editorial: *Jaime Pinsky*

Rua Dr. José Elias, 520 – Alto da Lapa
05083-030 – São Paulo – SP
PABX: (11) 3832 5838
contato@editoracontexto.com.br
www.editoracontexto.com.br

Proibida a reprodução total ou parcial.
Os infratores serão processados na forma da lei.

Sumário

Prefácio 9

Introdução 13

O mundo do esporte

Como? 19
    Reportagem 19
    Pauta 24
    Produção 30
    Entrevista 35
    Edição 41
    Emoção 45
    Texto 51

Linguagem do esporte 54
Prestação de serviço 60

Quem? 63
Editor-chefe 63
Narrador 64
Âncora 73
Comentarista 78
Chefe ou líder de esporte 83
Plantão esportivo 87
Assessor de imprensa 90
Jornalista! Não ator 92

O quê? 97
A tecnologia 97
Exibição ou esporte? 102
Miscelânea 105
Frases de colecionador 107

O desafio da ética

Ética no esporte 113

Os donos da bola 118

Dez desafios do jornalismo 121

Dez pragas do jornalismo 123

Trocando em miúdos

Futebol 127

Basquete 136

Vôlei 139

Tênis 141

Automobilismo 145

Medicina 150

Direito 156

Legislação

Justiça Desportiva:
Infrações 163

Entidades do esporte 165

Leis 167

Sugestão
de modelo esportivo

Rádio Caramelo
de Taiaçupeba 177

Referências
bibliográficas 185

Prefácio

Jovem repórter esportivo, ainda adolescente, cursando o velho colegial, andava sempre em busca de livros que pudessem me ajudar no trabalho. Não era tarefa fácil no meio da década de 1960. O esporte não tinha muito espaço nas prateleiras das livrarias.

Ainda assim conseguia um livro aqui outro lá. Depois de tanto tempo, quando convidado a escrever este prefácio, fiz uma viagem ao passado e fui rever algumas das conquistas literárias daquela época. Lá estavam livros sobre sociologia do esporte, psicologia do futebol, de crônicas esportivas e uma preciosidade amarelada: *Regras e arbitragem de futebol*, publicado em 1950, assinado por Olímpicus, o nome artístico de Thomaz Mazzoni, durante muitos anos redator-chefe do jornal *A Gazeta Esportiva*.

Didaticamente ele apresenta as 17 regras do futebol e, sobre cada uma delas, faz interpretações, levanta problemas, narra lances polêmicos. Forma, em muitos casos, uma jurisprudência a respeito de determinadas situações vividas pelos árbitros em campo. É um manual não apenas para os juízes, mas também para os que queriam errar pouco ao microfone, como era o meu caso.

Surgiram na estante livros mais recentes, como o saboroso *Futebol ao sol e à sombra*, do escritor uruguaio Eduardo Galeano, de 1995, e um que fica no meio dessa linha do tempo, chamado *É gol (torcida amiga, boa tarde)*, assim mesmo, com o subtítulo entre parênteses, escrito por Ignácio de Loyola Brandão e ilustrado por Vallandro Keating. Foi impresso em 1982.

É esse que nos interessa agora. Loyola descreve com precisão e humor (juntando as duas ações com muita competência) uma transmissão de futebol. Lá estão todos os jeitos e trejeitos narrativos de locutores, repórteres, comentaristas, jogadores, técnicos e torcedores. As gafes e os comerciais, que hoje se chamam *merchandising* e que na época eram muito mais discretos. "Vamos ouvir a opinião de Carlos Farias, o homem das oito copas. O comentarista que mais entende de futebol neste país", diz o locutor no intervalo do jogo e engata: "Continental: preferência nacional. O cigarro das multidões. Com vocês, Carlos Farias".

Outros livros sobre esporte e futebol pingaram nas livrarias brasileiras ao longo dos anos. Mas faltava um que falasse diretamente com o jornalista esportivo. Que fosse ao mesmo tempo um manual técnico e um orientador ético. Que enfrentasse o folclore tradicional das transmissões esportivas, tão bem desenhado no texto de Loyola Brandão, mas que também tocasse na ferida cada vez maior da promiscuidade entre informação e propaganda.

Heródoto Barbeiro e Patrícia Rangel fazem isso neste livro que você vai ler e, se estiver na profissão, utilizar com frequência. É um trabalho que procura pôr fim a ideia de que o jornalista faz parte do espetáculo. Mostra que ele é apenas o intermediário entre os artistas e o público, não sendo também seu papel substituir o locutor comercial. É possível isso no jornalismo esportivo de hoje? Diria que nos meios impressos a separação entre a propaganda e a informação é mais nítida. No rádio e na televisão é mais opaca.

Heródoto e Patrícia são bem claros ao dizerem que quando os comunicadores "transformam programas esportivos em verdadeiras feiras livres ou camelódromos, a informação perde credibilidade e a notícia fica em segundo plano. Existe grande diferença entre um jornalista esportivo e um garoto-propaganda". Além da necessária independência em relação aos anunciantes, a credibilidade conquista-se também com a informação precisa, sustentada pelo conhecimento da matéria. Esse é outro eixo importante deste livro. Há um empenho dos autores em enfatizar a necessidade do aprimoramento constante do jornalista que cobre a área esportiva. Além da necessária humildade para saber que não sabe tudo. Dizem eles que "nenhum jornalista pode se dar ao luxo de não fazer cursos e se atualizar. Por isso é bom fazer cursos de línguas portuguesa e estrangeira, de história dos esportes e, para alguns, *workshops* de humildade". Bom humor então é fundamental, desde que usado com moderação.

Uma das vantagens em fazer jornalismo esportivo nestes tempos é a de contar com uma bibliografia esportiva em crescimento, na qual surge um livro como este. Um trabalho que combina a experiência com a reflexão e o didatismo. Tenho certeza de que ele será tão útil para as novas gerações de jornalistas esportivos como foram para mim aqueles livros garimpados nos anos 60.

E como grande parte dos ensinamentos aqui contidos são perenes, depois de amarelado pelo tempo este livro continuará sendo fonte de consulta obrigatória para aqueles que quiserem reunir em suas ações competência profissional e postura ética. Aliás, é o que fazem os autores no livro e na vida.

Laurindo Lalo Leal Filho, sociólogo e jornalista, professor da Escola de Comunicações e Artes da USP. Foi repórter esportivo da Rádio Nacional-Globo de São Paulo.

Introdução

Jornalismo é jornalismo, seja ele esportivo, político, econômico, social. Pode ser propagado em televisão, rádio, jornal, revista ou internet. Não importa. A essência não muda porque sua natureza é única e está intimamente ligada às regras da ética e ao interesse público.

Dito isso, ressaltamos que trabalhar com jornalismo esportivo tem suas especificidades. Ele se confunde, frequentemente, com puro entretenimento. Isto, por seu lado, propicia o aparecimento de alguns poucos "coroados" e o envolvimento com outras atividades incompatíveis com a prática do jornalismo, como agenciamento de publicidade, marketing e política privada dos clubes, federações, confederações e empresas.

Neste *Manual do jornalismo esportivo* apresentamos algumas sugestões para fazer jornalismo esportivo e também algumas técnicas. Além de apresentarmos as leis desportivas, termos de várias atividades que podem facilitar o dia a dia de quem atua na área e, ainda, uma proposta de novo modelo esportivo.

Convidamos os leitores – tantos jovens jornalistas como veteranos – a participar dessa polêmica com espírito crítico. Nossa profissão rejeita acomodados. Precisamos do debate para mudar, para melhor, nossa prática.

Um ponto que pode gerar boas discussões é a definição de esporte. A competição deve ser **entre seres humanos** e suas habilidades, treinos, esforços, superação pessoal, física e psíquica, enfim, **com equipamentos semelhantes.** Assim, os principais componentes do esporte são: **desenvolvimento físico, regras definidas e competição.** Portanto, atividades recreativas, como pesca, caça, esqui e alpinismo, já estão fora dessa classificação, de um lado. De outro, também não consideramos esporte o automobilismo e outras competições motorizadas porque a condição da máquina pode influenciar no resultado, ou seja, eles não dependem exclusivamente do piloto (o atleta, no caso), de suas habilidades pessoais. Além de não ser reconhecido pelo Comitê Olímpico Internacional (coi), ou seja, não participar de Olimpíada. Ainda assim, por saber que a atividade ganha bom espaço no noticiário esportivo, apresentamos os principais termos do automobilismo em um capítulo.

Apresentamos várias propostas que estão abertas às críticas e mudanças próprias de uma atividade que está sempre em equilíbrio dinâmico. Escrevemos este livro com paixão, a mesma de todos os colaboradores que participam e a quem queremos deixar nosso reconhecimento e gratidão.

Os autores

O mundo do esporte

Como?

Reportagem

"Deve-se exigir de mim que eu procure a verdade.
E não que a encontre."
Diderot

A reportagem é a alma, a essência do jornalismo. Apurar e divulgar notícias, contar uma boa história, que seja verdadeira, que tenha sido bem checada e que responda às perguntas básicas do *o quê, quando, onde, como, quem* e *por quê* é o dever de todo bom jornalista. Uma boa reportagem depende de boas perguntas feitas para as pessoas certas no momento adequado. Se fizer bom uso desse instrumento de trabalho, o repórter esportivo tem tudo para ser um bom profissional.

É bom lembrar sempre que, em qualquer área do jornalismo, o repórter é o elemento mais importante na cadeia de produção. No esporte isso não é diferente. Porém, não se pode confundir pequenos boletins de conteúdo especulativo, sem profundidade, apenas para dar um registro do clube, com reportagem de jornalismo esportivo. Os repórteres esportivos precisam pôr um fim nas piadas que fazem a respeito do seu trabalho, e mostrar que é possível produzir boas reportagens, como em qualquer outro assunto. Por isso, é essencial fugir daquelas perguntas eternamente repetidas para os atletas antes, durante ou depois das competições como: "o que você acha do jogo"ou "como você está vendo o jogo". Caso contrário, o repórter corre o risco de ouvir uma resposta como a que o técnico Osvaldo Brandão deu certa vez: "Com os olhos".

Atualmente, o repórter esportivo chega hoje às redações mais preparado do que ocorria há 10, 15 anos. O perfil atual é de um profissional que fala no mínimo um idioma estrangeiro fluentemente e domina com facilidade importantes ferramentas de trabalho, como e-mail, processadores de texto, *laptop*, câmeras digitais etc. Este novo jornalista esportivo também exibe um conhecimento mais amplo de todas as modalidades esportivas e tem em geral menos resistência a fazer matérias tanto de futebol quanto dos chamados esportes olímpicos.

Em compensação, esta nova geração, talvez pelo fato de ter uma carga muito maior de informação do que seus antecessores, chega às redações exibindo traços de arrogância e autossuficiência que são incompatíveis com a profissão. Isso acaba se refletindo na qualidade da apuração das matérias e, como consequência, reflete na qualidade final da reporagem.

Outro perigo é que de tanto conviverem com ídolos do esporte, alguns repórteres confundem e se acham um deles. A vaidade acaba por cegar o olho clínico do profissional. Gostam de aparecer – aliás, aparecem estrategicamente ao lado dos jogadores em fotos, entrevistas ao vivo para televisão com a finalidade de serem reconhecidos.

Alguns deles ainda usam bonés e camisetas promocionais para não pagar a conta em algum restaurante. São patrocinados e recebem cachê por isso. Sua missão é aparecer. Infelizmente estão na categoria dos "repórteres artistas", da qual trataremos mais para frente.

Os repórteres precisam ficar atentos para fatos que nem sempre dizem respeito diretamente ao esporte, como o caso do jogador Serginho, que teve um mal súbito em campo e morreu antes de deixar o estádio. O primeiro cuidado é manter a calma, não se deixar contaminar com a emoção e esperar a opinião dos médicos para dizer o que aconteceu.

Repórter não é outdoor. Portanto não usa camisetas promocionais, bonés ou qualquer coisa que lembre publicidade. E muito menos recebe dinheiro por isso.

Não esqueça que a "postura" e o comportamento do repórter refletirão na própria imagem do veículo que ele trabalha.

Nunca venda sua credibilidade. As oportunidades de negócios aparecem no meio esportivo, basta você decidir e ter consciência se é um jornalista, um empresário, um profissional do marketing ou um assessor de imprensa. Essas funções são distintas.

O repórter esportivo deve sempre ter o regulamento do campeonato nas mãos para qualquer dúvida. Estudar as regras do esporte que cobre e manter-se sempre atualizado com os outros esportes é rotina para um bom repórter.

Fuja da mesmice. Boa reportagem virá de um profissional que elabora, pesquisa e "fuça", sempre com fundamentação, claro. Se os jogadores respondem sempre as mesmas coisas não será porque ouvem sempre as mesmas perguntas? Não fique somente no factual. Produza uma boa matéria.

É preciso tomar cuidado com a vontade de dar a notícia em primeira mão sem a devida checagem. Isso tem corrompido a boa reportagem.

Reportagem não é apenas notificação de um fato. É necessário o detalhamento, a escolha de um ângulo ainda não explorado, procurar descobrir o possível impacto daquelas informações no tema tratado.

O repórter esportivo deve manter um bom contato com suas fontes, mas deve deixar bem claro que isso não significa troca de favores.

A marca das transmissões esportivas é o improviso. Mas isso não significa que o repórter esportivo ignore as regras da língua portuguesa. Esse profissional deve conhecer o idioma tão bem quanto as regras da modalidade que cobre.

 O repórter nunca deve privilegiar um ou outro competidor, mesmo sendo ele favorito numa disputa.

 Os repórteres, na maioria das vezes, estão mais próximos dos jogos, dos atletas, dos árbitros e do público. Isso quer dizer que estão mais próximos dos centros geradores de emoção, e por isso são os que sofrem maior impacto. Emoção é um atributo de todo ser humano, e ajuda a aquecer as transmissões esportivas. Não se pode confundir com a paixão, que cega quem tem o dever de enxergar ou atrela o jornalismo a uma causa ou a um ídolo. A paixão emperra a apuração, incentiva a notícia sem acurácia, atrapalha a busca contínua da isenção e da ética.

 A linguagem da reportagem deve ser acessível a qualquer interessado. Ainda que o jornalismo esportivo seja dirigido a um público-alvo direcionado, os termos técnicos não podem poluir o entendimento.

 Nem todo mundo acompanha o esporte continuamente. Por isso se deve fazer uma suíte didática do tema tratado, partindo-se do pressuposto que se fala para um público de conhecimento mediano e mesmo os aficionados podem ter perdido alguma informação importante. Não economize didatismo.

 Uma reportagem não termina depois que o material é enviado para a redação. É preciso acompanhar sua montagem, e se for possível sua exibição. Em uma entrevista coletiva, por exemplo, o jornalista deve continuar colhendo as notícias até que o entrevistado deixe o local. Às vezes a notícia mais importante é divulgada após o término da entrevista formalmente.

 O rigor da apuração é o olho da reportagem. Sem acurácia não se pode divulgar nada. É preciso ter o máximo de informações do assunto tratado. Na apuração, o que deve predominar é a exatidão dos fatos, a qualificação e a idoneidade das fontes.

 O repórter deve desconfiar sempre. Duvidar faz parte do seu dia a dia. As fontes esportivas não devem ser tratadas nem com mais nem com menos cuidado do que fontes de outros assuntos. Não se pode prejulgar o dirigente esportivo nem outra pessoa qualquer.

 O termo cartola é pejorativo e não deve ser usado. Pressupõe desonestidade e não se pode generalizar, sob pena de punir pessoas inocentes. Há jornalistas que jogam a torcida contra atletas, dirigentes e técnicos. A missão do repórter não é tomar partido nem eleger os que são virtuosos e os que não são. Sua missão é apurar com precisão e divulgar.

 Não é função do repórter querer mudar comportamentos, dar lição de moral ou fazer qualquer julgamento sobre a vida privada de atletas, dirigentes ou outros atores da reportagem.

 Sempre que for possível, as entrevistas devem ser gravadas. Isso evita má interpretação na hora de desenvolvê-la ou de qualquer dúvida levantada pelos entrevistados.

 Mais do que qualquer outro assunto, o jornalismo esportivo precisa evitar o uso exagerado de adjetivos, principalmente, sensacional, extraordinário, dramático etc.

 Uma reportagem não deve comprometer a integridade física do profissional. Nada de se enfiar no meio de uma briga de torcedores atrás de notícia. Deixe de lado essa faceta do complexo de Clark Kent.

 É preciso ver e rever os números citados na reportagem. Erros de resultados de informes irrita e desqualifica a reportagem.

 Cuidado com reportagens técnicas. Em dúvida deve-se recorrer a manuais ou legislações específicas sobre o esporte enfocado.

 Cada jornalista faz um recorte diferente da realidade. Por isso, o mesmo fato tem diferentes versões.

 Nas entradas ao vivo dos estádios, é preciso tomar alguns cuidados, como o som local e o cenário. Torcedores podem, indevidamente, intervir na hora da transmissão e prejudicá-la.

 Um telefone pode salvar uma reportagem. Não se acanhe em ligar para a redação, fontes ou especialistas que possam ajudar em momentos de dificuldade.

 No início de cada torneio, é preciso checar a pronúncia correta do nome de cada atleta, cada participante e adotar um padrão.

SOZINHO NO PARAGUAI

Em 1999 Corinthians e Palmeiras disputavam a Taça Libertadores da América e estavam no mesmo grupo, contra Olímpia e Cerro Porteño, do Paraguai. O jornal A

Gazeta Esportiva precisava ter repórteres acompanhando os dois times, grandes e populares, em suas viagens ao Paraguai, que vivia uma situação política tensa, com ameaça de golpe militar. Acompanhei o Corinthians, clube do qual eu era o setorista à época. Durante o tempo em que voava para o Paraguai, o general Oviedo aplicou o golpe militar no Paraguai e o avião em que estava foi o último a ter permissão para entrar no país. Depois, todos os voos foram despachados de volta para suas cidades de origem. Em resumo: eu era o único jornalista brasileiro presente no Paraguai em ebulição. O hotel em que estava hospedado ficava próximo ao centro dos acontecimentos naqueles dias, até mesmo com canhões circulando pela capital. Relatei os fatos para a *Folha de S.Paulo* e forneci informações a inúmeros outros veículos durante o período em que estive sozinho no Paraguai. Uma prova de que o jornalista precisa estar preparado para situações como esta. Embora especializado em esportes, eu tinha conhecimento e preparo para escrever sobre um golpe político em um país vizinho.

Marcelo Tieppo
Editor de texto do Globo Esporte – TV Globo

Pauta

"Jornalismo tem de ter conflitos. Senão, não vale a pena."
Paulo Henrique Amorim

A pauta é o início de uma boa reportagem. Ela diz ao repórter o que está acontecendo, onde e quem deve ser entrevistado. Quanto mais detalhada for, mais ajuda o trabalho do repórter e, portanto, colabora para uma boa matéria no fim do processo. Evidentemente que um bom repórter não terá sua criatividade cerceada pela pauta. Ao contrário, a usará apenas como um bom roteiro.

A armadilha mais comum do jornalismo esportivo é pautar reportagens exclusivamente em cima da instantaneidade dos fatos, ou seja, treinos, jogos etc. Alguns veículos são tomados pela histeria de divulgar os fatos antes e afundam no pântano da falta de credibilidade. Um mal que atinge boa parte das emissoras do país. É verdade que o jornalismo mexe com uma matéria-prima muito volátil, mas não se justifica a corrida desenfreada atrás de fatos que nem sempre têm relevância ou interesse público. É preciso ser ágil para não perder a oportunidade de oferecer ao torcedor a informação atualizada e completa, porém com acurácia. Sem ela, nada feito. Não é jornalismo. Pode-se dar qualquer outro nome. Esse noticiário sem credibilidade respinga no meio como um todo, e quem quer se destacar é obrigado a lutar asperamente para não ser confundido com a maioria. Não se trata de formar uma elite. Apenas de exigir o cumprimento das regras mínimas que caracterizam a atividade jornalística. E com o jornalismo esportivo não é diferente.

Um bom pauteiro desconfia sempre. Por exemplo, daquelas pautas que brotam na páginas da internet. Nada de correr para o microfone e anunciar a "queda" de um técnico para depois ter de desmentir e dizer que a informação estava errada e aquele mesmo técnico continua firme e forte em seu posto de comandante da equipe tal.

É preciso parar e pensar sempre, do início ao fim da construção da reportagem. Ninguém esquece que o jornalismo tem entre suas marcas definitivas a rapidez, talvez por isso o imaginário popular, alimentado pelo cinema e pela televisão, vislumbre uma redação com uma porção de gente correndo de um lado para o outro desesperadamente, lutando contra o vilão *deadline*. A pressa não pode ser um fim em si mesmo. Há, sim, tempo para a construção de pautas/reportagens mais elaboradas que podem ser o diferencial competitivo e qualitativo da programação esportiva de um veículo. Entre tantos questionamentos filosóficos, há o de que o jornalismo esportivo quer condenar o torcedor a ser um homem a viver um presente perpétuo, como propôs Buda. Nem ele, nem o jornalismo, nem a pauta – que tem papel preponderante nisso – podem esquecer da contextualização histórica. Ela é determinante na maioria das reportagens levadas ao ar. A reportagem não é uma sucessão de datas, nomes e fatos. É muito mais, por isso é necessário uma abordagem através de uma reflexão sociológica e histórica.

Infelizmente, a pauta na imprensa esportiva virou burocracia, refém de horários, processos industriais. Podemos até falar que o esporte hoje é pautado pela agenda. Os jogos são na quarta-feira, quinta-feira, sábado e domingo, o time treina na segunda, terça e sexta-feira, a televisão transmite tudo. Assim, as notícias resumem-se ao jogo que acontece amanhã, ou o que aconteceu ontem. Durante a semana, o noticiário fica dominado por esses eventos seguidos das entrevistas coletivas dos times de futebol. Não há diferença entre as notícias nos diferentes veículos. Alguns conseguem dedicar um espaço maior aos domingos para fazer um trabalho um pouco mais apurado, principalmente na edição.

O pauteiro deveria ter tempo para pensar o conteúdo, mas acaba se dedicando às escalas, saídas de carros, rolos de filme, fitas etc. A consequência é a queda de qualidade do conteúdo. O ideal seria que os veículos apostassem em matérias exclusivas, criassem as pautas e fizessem reportagens mais apuradas sobre temas latentes. A televisão fechada procura fazer um trabalho mais elaborado, com reportagens especiais e até alguns documentários esportivos. Isso requer tempo e investimento. Muitas outras empresas não parecem muito interessadas em investir para sair da rotina.

Teoricamente, todo aquele que vai fazer uma reportagem pauta, enuncia uma premissa, avalia os parâmetros para sua execução, tenha ele ou não a função de pauteiro da equipe. Contudo, é necessária a constituição de um núcleo de pauteiros que dediquem a maior parte do tempo para redigir e acompanhar o andamento das pautas.

Todo jornalista deve estar habilitado a exercer todas as funções próprias do jornalismo, e pautar é apenas uma delas.

O pauteiro planeja reportagens exclusivas e simultaneamente cobre o cotidiano, potencializando o trabalho do repórter, que, assim, não se afasta nem de uma coisa nem de outra; em outras palavras, contribui para se alcançar um dos objetivos mais nobres do jornalismo, que é a notícia inédita ou o furo de reportagem.

O pauteiro pensa o assunto por inteiro e indica os caminhos que devem ser percorridos para a construção da reportagem. Tem o compromisso de cultivar uma macrovisão do mundo. Ele é o armador, o jogador do meio de campo que não marca gols, mas arma, assiste e constrói as jogadas. Por isso é imprescindível para se ganhar qualquer campeonato. É aquele que joga com a cabeça erguida, tem a visão do todo, é capaz de fazer macroanálises e não apenas focada em um único acontecimento.

Tudo o que é relevante para a sociedade e de interesse público é objeto da pauta: os assuntos variam de economia e política a artes e espetáculos. E com o esporte não é diferente. Enfim, se o pauteiro encontrar um gancho e novo enfoque para a descoberta da pólvora, também vale.

A pauta pode diferenciar uma reportagem sobre o mesmo tema que os concorrentes, bastando para isso dar um enfoque novo, inteligente, criativo do acontecimento.

A política do esporte é um campo que precisa ser melhor coberto pelos jornalistas esportivos. Fugir do cotidiano, muitas vezes cansativamente repetitivo, e partir para os bastidores. O *business* é outro campo que precisa ser melhor explorado, principalmente no momento em que algumas agremiações tomam um contorno mais corporativo e há um processo de globalização em curso que atinge também o esporte.

A política do esporte implica cobertura dos bastidores, antecipar decisões e procurar o que todo jornalista mais gosta, o furo, a informação inédita. Aí cabem as pautas e as reportagens especiais, a defesa do torcedor e do consumidor, as políticas públicas, a violência e as ações vinculadas à cidadania e ao terceiro setor.

Infelizmente é comum ver jornal copiar pauta de TV, TV copiar pauta de rádio, rádio copiar pauta de jornal. Ter ideias diferentes é algo cada vez mais raro nas abordagens esportivas. Portanto, vamos usar a criatividade e fugir do trivial, que são os treinos de todos os dias e os jogos da semana.

A reportagem precisa do apoio da pauta para marcar entrevistas, desenvolver o enredo e levantar as premissas que deverão ou não serem confirmadas. A pauta no rádio tem uma importância maior do que em outros veículos por sua peculiaridade, mas, ainda assim, são raras as emissoras que possuem pauteiros. Preferem transferir para o repórter e outros jornalistas a responsabilidade de desenvolver a pauta. É uma armadilha de caráter organizacional, uma vez que o repórter não tem um dia para construir uma matéria, ou uma semana, como nos meios impressos. Responsabilizar o repórter por pautar e desenvolver sozinho a matéria provoca um afastamento do mesmo dos acontecimentos do dia a dia, uma das vantagens do rádio em relação aos seus concorrentes. A pobreza do veículo, ou o esvaziamento da redação, suprime a pauta, considerada um dos setores menos importantes diante de tantas outras prioridades. A perda de qualidade é inquestionável.

Deve haver uma interação constante entre o pauteiro e o repórter, uma vez que este tem autonomia para derrubar uma proposta inexequível, ou que tenha perdido o gancho e a oportunidade. Portanto, pautas não são teses prontas, nem axiomas que se repetem sem ninguém perguntar por quê.

As reuniões de pauta devem ser periódicas e em horários que possibilitem a execução da reportagem. Há assuntos mais elaborados que admitem planejamento de um ou mais dias, e outros que são do cotidiano. Estes podem sofrer mudanças ao longo do dia, na medida em que alguns outros assuntos se tornem mais importantes e outros percam o interesse social.

Os pauteiros precisam ser preparados para o assédio de outros jornalistas ou assessorias que querem lhe "vender" uma pauta. Ou seja, sugerir matérias, no jargão do meio. Nada contra, desde que essa "venda" seja feita dentro dos limites da ética e do interesse público.

Não caia na armadilha nem de aceitar nem rejeitar imediatamente um assunto porque vem de uma assessoria de imprensa ou de um assessor individual. Nada de discriminar, boas matérias já foram perdidas por causa disso. Na dúvida se a proposta é ou não pertinente, peça a opinião de outros jornalistas da equipe. Não se julgue o conhecedor do mundo. Peça avaliação. Isso também ajuda a afastar qualquer suspeita de jabaculê (ou jabá, matéria feita em troca de algum favor, presente ou mesmo dinheiro).

Outro erro comum: produzir todos os anos a mesma pauta para relembrar ou comemorar um assunto, como o milésimo gol de Pelé, abertura de campeonatos, início de uma Olimpíada, a morte de Ayrton Senna etc. Uma rememorativa tem de ter um diferencial, nova abordagem, não só para fugir da repetição, mas para construir reportagens que se distingam dos meios de comunicação concorrentes.

Mais uma armadilha, confundir agenda com pauta. Uma coisa é uma coisa, outra coisa é outra coisa, como diria o "filósofo" Vicente Matheus. Agenda é apenas um indicativo que alguma coisa está para acontecer, não sofre nenhuma avaliação crítica e pode até gerar pauta. Mas por si só não é uma pauta. A agenda não tem proposta nem direcionamento, nem as premissas pelas quais caminham as investigações jornalísticas. Agenda de treinos e jogos da semana não são pauta.

Âncora não é dono de programa, chefe de reportagem não é dono de repórter e pauteiro não é dono da pauta. Não há donos, senhores feudais, gato, agenciador, monopolizador ou guru onisciente. A pauta tem de estar aberta para as sugestões e críticas, venha de onde vier. Até do dono da empresa. A pauta não é o repositório do saber universal.

A boa pauta não cai do céu nem brota de alguma inspiração em uma conversa no bar depois do fechamento. Se isso acontecer, é exceção e não regra geral. Ela requer reflexão crítica, elaboração intelectual e depois apuração, tratamento, desenvolvimento e acurácia.

Não é certo atribuir o fracasso ou a baixa qualidade de uma reportagem à pauta; ela não é saco de pancada, nem o pauteiro submetido a um auto de fé cada vez que alguma coisa não der certo na construção de uma reportagem. Não é preciso reunir o tribunal da Inquisição e submeter os pauteiros a uma execração pública. Cada um tem parte no sucesso e no fracasso.

A criatividade da pauta não deve se confundir com transgressões da lei, como incentivar o repórter a se disfarçar e praticar falsidade ideológica. É uma falta legal e ética e o fato do jornalismo ter uma vertente investigativa não justifica isso.

Produção

"Uma coisa que você aprende em corridas é que os outros nunca esperam por você."
George Leigh Mallory

Função comum em emissoras de televisão e rádio, o produtor raramente está presente em redação dos meios impressos. A produção, como a pauta, facilita muito a atividade do repórter e do entrevistador.

O produtor é antes de tudo um repórter. Deve pensar como tal e sempre que possível fazer uma pré-entrevista com a fonte que irá participar do programa. Esse profissional funciona como elo entre a reportagem e a emissora. Se o repórter que está na rua necessitar de alguma informação para completar sua matéria, irá recorrer ao produtor. É também o elo entre apresentadores e operadores técnicos. O trabalho do produtor muitas vezes é anônimo, mas depende muito dele o sucesso de um programa.

No entanto, costuma-se confundir o produtor com aquele que apenas marca facilmente entrevistas. E se ele se limitar a isso pode virar um secretário em vez de um produtor esportivo. É necessário ter conhecimento atualizado das competições, dos atletas, dos torneios e até da legislação esportiva.

Num contexto mais amplo, podemos falar de produção em transmissões esportivas.

O futebol é uma das principais armas das emissoras na "guerra" da audiência da TV. Basta ver, por exemplo, que a Copa do

Mundo se tornou o evento de maior audiência mundial. Por isso, as emissoras investem cada vez mais nas produções esportivas. Existem investimentos altíssimos e uma busca ávida por novas tecnologias. A produção virtual na televisão é feita por uma equipe responsável pela criação das imagens virtuais inseridas na programação da emissora. Essa equipe pode, por exemplo, desenvolver animações como uma chuva de sandálias da marca tal dentro do estádio, desenhar uma bola com o logotipo da emissora que aparecerá na quadra em um campeonato de vôlei e criar outdoors virtuais para a transmissão de automobilismo. E tudo isso ao vivo. Enfim, não faltam recursos, que são utilizados pela emissora em parceria com agências de publicidade na criação de propagandas virtuais. Mas a equipe de produção virtual tem de seguir um código de ética rigoroso. Imagine só o que aconteceria se resolvessem colocar duas bolas em campo, ou dois árbitros ou até mesmo dois "Ronaldinhos" num campo de futebol durante uma transmissão?

As novas tecnologias são tentadoras, mas é preciso ter consciência que elas não podem nunca atrapalhar a transmissão da informação real.

É possível usar o computador em todas as fases da produção jornalística: arquivos, textos, acesso a páginas eletrônicas de informações e até mesmo para a troca de e-mails com o público-alvo. É preciso tomar cuidado com a veracidade das notícias que são divulgadas na internet.

Produção é sinônimo de agenda atualizada e completa.

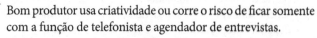
Bom produtor usa criatividade ou corre o risco de ficar somente com a função de telefonista e agendador de entrevistas.

O produtor deve relacionar todo o material gravado deixado pelos repórteres e comentaristas e garantir que o tempo das entrevistas ao vivo não seja longo demais.

Outra função desse profissional: verificar o cumprimento do roteiro comercial do programa. Assim, o produtor tem de conhecer o perfil do público ouvinte do programa e adequar a linguagem e as informações a esse público. Ele recebe um roteiro comercial e deve checar se todos os comerciais entram no programa. Por exemplo: se ele deixa esticar uma entrevista e por isso o tempo do programa diminui, provavelmente alguns comerciais terão de cair da programação. Isso tem um custo e a responsabilidade é do produtor. Se é um programa extremamente popular, ele deve adequar a linguagem a esse público.

Outra dica é não depender exclusivamente de material ao vivo dos jogos de fim de semana. A produção pode e deve agendar com antecedência ou gravar entrevistas durante a semana.

Se por algum motivo mudar a pauta, o produtor deve imediatamente ligar para o entrevistado que estava agendado e desmarcar. Deixar o entrevistado esperando é ótimo passo para perder a fonte e o contato.

A produção dos programas é o melhor lugar para se definir algumas regras de conduta, uma vez que pode centralizar todas as informações e práticas. Uma delas é a pronúncia de nomes estrangeiros. Uma vez consentida uma pronúncia, todos deverão segui-la. Não é uma imposição, é uma questão de bom-senso. Só os nomes consagrados podem fugir dessa organização. Por falar nisso, opte pela pronúncia *recórde*, já consagrada em português, e não *récord*.

A produção deve ficar atenta para o comportamento quando há execução de hinos nacionais nas competições. É bom suprir a equipe com algumas informações sobre os hinos, mesmo o nacional, uma vez que nem todos conhecem. Se optar por reproduzir um ou mais hinos, deve-se ir até o fim, não interrompendo ou falando em cima.

Toda redação deve ter um glossário com nomes técnicos, históricos e regras das diversas modalidades esportivas. É preciso ter uma pequena biblioteca de papel ou virtual para consulta. É indispensável o dicionário de português. Em dúvida, se faz pesquisa.

Há canais de TV que usam até 12 câmeras para transmitir a competição, e algumas emissoras ainda mantém uma câmera leve para acompanhar os movimentos de determinado atleta. A produção deve explorar todos os ângulos do espetáculo em nome da satisfação do telespectador, como o uso de câmeras postadas em tal ordem que tentem imitar os olhos da assistência.

É desejável o som do estádio tanto no *off tube* (quando a transmissão é feita de um centro de divulgação), como no ao vivo. Ele dá um colorido especial e contagia a audiência, uma vez que também reflete o grau de emoção que a assistência está vivendo. Se for *off tube*, o telespectador/ouvinte tem o direito de saber. Não se pode enganá-lo, como fazer uso do som de helicóptero gravado e o repórter falar da redação como se estivesse a bordo.

 É preciso cuidado com o que vaza no ar. É de mau gosto deixar escapar palavrões ditos em coral ou individual, com charanga ou à capela. A produção tem de ficar atenta.

 Quando a seleção brasileira de futebol joga, o povo sai em busca de uma televisão como a última Coca-Cola do deserto. Em momentos como esse, a TV leva nítida vantagem sobre o rádio.

 A computação gráfica veio para ficar e ser usada sempre que possível. Claro que sem exagero, pois nada substitui o espetáculo do esporte. Mas a computação dá uma boa mão para enriquecer a transmissão ou qualquer outro programa esportivo. Não é o centro das atenções, mas é um coadjuvante indispensável em determinadas situações, como em um tira-teima, por exemplo.

 As câmeras e os apresentadores de rádio têm de mostrar exatamente o que há no estádio, na quadra, na pista, na piscina etc. Se não há público, isso deve ser explicitado com naturalidade e não escondido com a câmera fechada no rosto e corpo dos atletas, como é tão comum.

 As transmissões devem ser feitas de estúdios, temporários ou permanentes, implantados nos estádios pela emissora. Tanto o de rádio como o de TV. Uma equipe não pode trabalhar em uma "cabine de transmissão", na maior parte das vezes sem condições mínimas. O conforto e o equipamento disponível interferem diretamente na qualidade do conteúdo e na forma do programa.

 Qualquer estúdio de transmissão deve ter equipamento necessário para toda a equipe, como microfones, headphones, maquiagens, roupas, serviço de água e café, frutas, binóculos, computadores com acesso a internet.

O jornalista, esportivo ou não, está imerso em nova era, de novas tecnologias, nova organização das empresas, enfim, em nova realidade que os especialistas chamam de capitalismo informacional. Nessa nova etapa é exigida que os trabalhadores exerçam mais de uma função, enterrando a famosa "linha de produção", como tão bem retratou Charles Chaplin em *Tempos Modernos*. Assim, dentro do período pelo qual foi contratado, o jornalista tem de apurar, escrever, falar, apresentar, enfim, participar de todas as etapas da produção. Isso não quer dizer que não se possa se especializar neste ou naquele esporte e conhecê-lo a fundo, o que aliás é desejável. Isso não livra ninguém de ter um conhecimento geral dos esportes mais populares. Os que não são conhecidos merecem ser estudados.

Os programas esportivos, principalmente no rádio, são intermináveis. A maior parte deles se torna uma chatice, com encheção de linguiça. Uma prática insuportável que alguns não querem abrir mão para "não perder espaço". Uma estultice, obviamente. Para programa de qualquer tamanho, a produção deve ter condições de apresentar atrações capazes de encantar o ouvinte ou o telespectador.

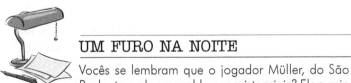

UM FURO NA NOITE

Vocês se lembram que o jogador Müller, do São Paulo, teve alguns problemas existenciais? Ele sumia de repente e não dava notícias. Até que um dia Telê Santana, técnico na época, perdeu a paciência: *"Aqui não joga mais, chega"*. O jogador tinha abandonado o clube pela terceira ou quarta vez. Era uma terça-feira modorrenta para o futebol, e o São Paulo foi jogar na cidade de Jaú. Eu já trabalhava na Rádio Jovem Pan, e o Dirceu Cabral, que era o locutor setorista do Tricolor, viajou para fazer o jogo. José Carlos Carboni, meu chefe de então, pediu para eu ficar em cima do assunto Müller. Descobri que o jogador ia jantar com o presidente do São Paulo, José Eduardo Mesquita Pimenta, para esclarecer as coisas. Liguei para o presidente e argumentei: *"Presidente, preciso falar com o Müller, sei que ele vai jantar com o senhor e gostaria de combinar algo, já que seria muito chato me plantar na frente da sua casa esperando o jogador sair. Posso te ligar no intervalo do jogo de Jaú para saber como está a conversa?"*

O presidente me respondeu que não havia nenhum problema. Disse a ele que o Carboni ligaria e que eu faria a entrevista. Combinei com o Carboni que faria as primeiras perguntas e que passaria para o locutor que estava em Jaú, e ele, com jeitinho, pediria para falar com o Muller. Praticamente até combinamos o que deveria ser dito:

"Presidente, o Müller está aí, não é?" A resposta era óbvia. "Ah, então, presidente, pede para ele, por favor, falar com a gente aqui na Pan."

Foi o que aconteceu. Gentilmente, o presidente, que já anunciara a volta do jogador ao elenco, chamou o Müller e ele veio. Pensei comigo: *"É hoje, toda a imprensa esperando a palavra do fujão, e eu aqui já com ele no ar e com respaldo até do presidente do São Paulo".*

Qual não foi a minha surpresa quando o meu locutor diz o seguinte: *"Boa Noite, Müller! Que bom que você está aí! Mas agora não dá mais para falar porque vai começar o segundo tempo de São Paulo e XV de Jaú [...]".*

O grande furo perdeu-se pela noite, e o repórter jamais esqueceu.

Luiz Carlos Quartarollo
Repórter da Rádio Jovem Pan

Entrevista

"Não há perguntas embaraçosas, só respostas embaraçosas."
Carl Rowan

É a grande estrela. E também o grande trunfo para tirar o jornalismo esportivo brasileiro da rotina que se encontra. É dela que vem a informação exclusiva, o furo, o gancho para futuras matérias. Nos veículos eletrônicos é quase um diálogo entre o atleta e o torcedor, e a emoção atinge diretamente o público. Já nos veículos impressos cabe ao jornalista descrever o que vê, a ambientação e o grau de emotividade do entrevistado. É preciso antes de tudo respeitá-lo, não importa qual seja seu nível intelectual.

A maioria das entrevistas na área esportiva, porém, é totalmente viciada. As perguntas são previsíveis, as respostas mais ainda. Muitas vezes, a pergunta do jornalista já dá a resposta ao entrevistado que, assim, nem precisa se dar ao trabalho de pensar para responder. "E aí, fulano, com a vitória de hoje já dá para se considerar na final ou o adversário quando joga em casa é sempre perigoso?"

O jornalista esportivo, quando está diante de um entrevistado, deve saber que é o representante do público diante deste tema. Uma pergunta bem colocada instiga o público como se fosse ele, público, o entrevistador. O jornalista esportivo deve ter a consciência de que no momento da entrevista ele faz o papel de milhares de torcedores que gostariam de fazer aquela pergunta ao técnico do seu time, ou gostariam de saber, por exemplo, por que aquele atleta não conseguiu seguir adiante num evento.

Numa competição, as entrevistas esclarecem sobre as virtudes e as falhas dos trabalhos das equipes e dos atletas diante do resultado final. O diálogo direto do repórter com os envolvidos no fato amplia e ilustra o trabalho de reportagem por causa da proximidade com as personagens.

Todos sabem que a glória no esporte pode estar a apenas três ou quatros jogos do fracasso, nada mais. Por isso é preciso julgar o atleta pelo trabalho que faz em toda a temporada e não apenas pelos seus últimos desempenhos. E na entrevista o atleta pode dar sua versão dos acontecimentos. Basta saber usá-la.

Dizem que jogador fala sempre a mesma coisa. Não será porque as perguntas também são sempre as mesmas? Use a criatividade na hora de perguntar. Se não tiver boa pergunta, fique calado, peça ajuda de um colega. Ninguém faz entrevista sobre assunto nenhum sem estudar e se preparar antes. Confiar no improviso é um caminho curto para uma má entrevista.

Não faça perguntas que já vêm com a resposta embutida, ou perguntas que já vêm com várias respostas, como uma questão de múltipla escolha, para o entrevistado apenas escolher uma delas. Separe as mais óbvias e destrua-as, entre elas aquela clássica "está doendo?" quando o atleta está sendo levado de maca para o vestiário e se contorce de dor. Isto é tão ruim como perguntar na porta de uma delegacia para a mãe de uma vítima da violência "o que sente" pela perda de um filho.

 Ouça o atleta, o dirigente, o treinador e busque outros detalhes da vida dessas pessoas, detalhes que vão muito além do que acontece em um jogo ou em uma competição. Fuja do trivial e do lugar-comum. Cuidado para não invadir sua privacidade. Nada que modifique sua atuação profissional deve ser divulgado. Busque informações em sua biografia, currículo, performance, carreira em outros clubes; enfim tudo o que está ligado ao seu trabalho. Se a mulher dele teve ou não um bebê não é da conta do jornalista. Veja se fora do mundo das celebridades alguém pergunta a uma fonte sobre sua vida pessoal. Portanto, o jornalista esportivo não tem o direito avançar sobre a intimidade de quem quer que seja.

 Cuidado para não endeusar ou demonizar o entrevistado, atitude muito comum no esporte. A intenção é compreendê-lo. Às vezes a torcida o trata como um deus, outras vezes como o quinta-coluna que entregou o jogo para o adversário. O jornalista deve ficar fora desse emocionalismo e procurar ficar o mais próximo possível da racionalidade.

 Na televisão há um exagero das matérias esportivas "engraçadinhas" o que passa um aspecto de falta de seriedade do repórter e também da emissora. Não abuse na produção de matérias e entrevistas bem-humoradas e cheias de trocadilhos entre texto e imagem. Há um limite entre o bom gosto e o jocoso, pratique-o.

 É preciso tomar cuidado com o tempo das entrevistas no rádio. Como geralmente o esporte preenche horas infindáveis na programação da emissora, elas podem se tornar cansativas e sem informações. O tamanho ideal de uma entrevista é seu conteúdo, nada mais. Não aceite encher linguiça em transmissões muito longas que são planejadas para preencher a programação ou pagar patrocínios comerciais da empresa. Faça seu trabalho honestamente e deixe por conta da direção a responsabilidade de ocupar os espaços.

Teste o gravador antes de usá-lo e tenha sempre pilhas, fitas e canetas extras. O mesmo vale para câmeras de vídeo, fotográficas e *laptops*. Toda a parafernália técnica que o repórter usa precisa ser revisada toda vez antes de começar o trabalho. Muita gente já perdeu uma grande entrevista e até mesmo o emprego por não avaliar corretamente o equipamento de trabalho. Na dúvida, peça ajuda ao setor técnico da empresa.

 Quando chegar ao local da entrevista, procure levantar e descobrir tudo o que, jornalisticamente, poderá ser transformado em notícia. Leve anotações, escreva o tema das perguntas mais importantes, hierarquize de maneira lógica, chegue antes e acalme-se. Chegar em cima da hora ajuda a entrevista a ficar ruim.

 Não demonstre tietagem. Essa atitude contribui com a falta de seriedade que alguns profissionais possuem em relação ao jornalismo esportivo. Lembre-se de deixar o torcedor em casa.

Evite perguntas longas, que acabam confundindo o entrevistado. Faça perguntas curtas e diretas. Lembre-se que o destinatário das respostas é o leitor, telespectador ou ouvinte. Termos técnicos atrapalham tanto o jornalista como o público.

 Nunca induza a determinada pergunta como: "Você não acha que o árbitro errou... não é mesmo?" O entrevistado tem o direito garantido pela Constituição e pela ética de dizer o que pensa e de expressar livremente sua opinião, sem que ninguém o induza a dizer o que não quer. A entrevista é um jogo intelectual no qual o jornalista quer que o entrevistado fale além do que gostaria. Mas é mão dupla, ou seja, o entrevistado também pode tentar ir além do que foi perguntado. Isso tudo dentro do limite do razoável e da delicadeza. Lembre-se de que entrevista não é interrogatório, e jornalista não é policial.

 Uma das piores práticas que já apareceu no jornalismo esportivo é a tal da entrevista coletiva. Na verdade ela só interessa ao entrevistado, quase nunca ao entrevistador. Geralmente o assessor de imprensa escolhe o atleta ou técnico que participará da entrevista, e em alguns casos também conduz à coletiva. As perguntas acabam sendo repetitivas. É uma ação de marketing do clube e dos seus patrocinadores, uma vez que as entrevistas são concedidas em frente a um biombo com as marcas. Contudo, é bom não perguntar o que todo mundo já perguntou, e buscar um assunto que ainda não foi esclarecido. E, lembre-se, uma entrevista coletiva organizada é melhor do que uma desorganizada.

É claro que no jornalismo esportivo podemos ser um pouco mais descontraídos, mas isso não significa que o repórter pode demonstrar ser íntimo com o entrevistado. Evite chamar o entrevistado por apelidos e mantenha sempre um distanciamento profissional. Todo atleta tem de ser tratado respeitosamente. Se estiver descontrolado emocionalmente por causa do jogo, é preferível esperar para que possa dar entrevistas com mais calma. Desequilíbrios emocionais acontecem com todos.

NO LUGAR CERTO, NA HORA CERTA

Para um repórter recém-formado, um grande furo deixa de ser aquele objeto de desejo que embala o sonho de todo jornalista e acaba virando uma obsessão. Quando você trabalha num jornal pequeno, que não tem a mesma estrutura oferecida pelos veículos dominantes do mercado, o desafio chega a ser uma paranoia. Você tem pesadelos com aquilo todos os dias, se esforça, trabalha dobrado, explora suas fontes, reza para todos os santos, apela para os orixás e, muitas vezes, o milagre só acontece num golpe de sorte. Parece que repórter esportivo é meio como centroavante: precisa estar no lugar certo na hora certa. O meu primeiro furo de reportagem aconteceu assim, num lance em que se misturaram sorte, oportunismo e a dignidade de um mito do futebol brasileiro. A seleção brasileira passava por grande convulsão em 1985, ano em que a disputa das eliminatórias para a Copa do México-86 se transformara numa epopeia. Sob o comando do técnico Evaristo de Macedo, o time brasileiro ia aos trancos e barrancos, colecionando resultados inesperadamente ruins e despertando no torcedor um sentimento de ira. E medo de ver o país do futebol fora da Copa. A imprensa acompanhava o desenrolar dos fatos fazendo força para não pender para o lado do povão, que pedia a cabeça de Evaristo. Até que o técnico declarou que não ligava para as críticas de ninguém, pois estava mais preocupado em contar os milhões de dólares que havia ganho no futebol árabe. Aquilo soou como deboche e acendeu de vez o estopim da crise na seleção, determinando dois *fronts* para os personagens da guerra: de um lado, Evaristo; de outro, toda a pátria de chuteiras.

No meio desse chumbo trocado, um fiel escudeiro de Evaristo passava incólume, pela discrição no trato e pela exuberância histórica de seu passado. Hideraldo Luiz Bellini, o capitão Bellini da Copa de 58 na Suécia, assistia a tudo praticamente calado. Dias depois, com a demissão de Evaristo e toda a comissão técnica, retomou a vida pacata de professor de uma escolinha de futebol em São Paulo. Sua paixão pelo trabalho com os garotos compensava o trauma vivido na seleção, que só chegaria à Copa graças à providencial substituição de Evaristo por Telê Santana, o mestre que havia conquistado o respeito do mundo da bola na Copa anterior, na Espanha-82.

Foi a paixão de Bellini pelo trabalho com os garotos que o levou a sair da toca. Louco para conseguir uma entrevista com alguém que tivesse vivido de perto o inferno da seleção na época de Evaristo, telefonei para o velho Bellini com uma missão ingrata. Convencê-lo a falar. O capitão da Suécia aceitou, com uma condição: só daria a entrevista para falar de seu trabalho na escolinha, na formação dos garotos, nas lições que podia passar para as novas gerações. A seleção de Evaristo seria um tema proibido. Aceitei as condições, fechei o trato, mas desliguei o telefone com a esperança de poder virar o jogo ali, no calor da entrevista, como aprendi com os artilheiros que estão sempre no lugar certo na hora certa.

O encontro foi frio. Bellini, vivido, estava com um pé atrás. No íntimo sabia que eu estava ali com outra finalidade. Sentado à sombra de um quiosque de sapé, respondia sobre seu trabalho com aqueles garotos com o olhar perdido no horizonte. A angústia que demonstrava a cada resposta sobre o futuro do futebol brasileiro foi a senha de que eu precisava para tomar coragem e perguntar sobre a tal seleção de Evaristo. Perguntei a primeira e Bellini respondeu, quase sem pensar. Fui em frente e Bellini abriu o jogo, como quem quisesse desabafar. Para deixar evidente que não falávamos em *off*, liguei o gravador e deixei que ele abrisse seu coração. Sem roteiro, sem direção de cena, sem cortes, Bellini contou todos os detalhes (quase todos eles podres) dos bastidores que marcaram uma das maiores crises da seleção brasileira. Nada ficou esquecido no lodo do passado. Nenhuma ferida ficou sem ser tocada. Com a dignidade de um craque maior do que aquele festival de mazelas, Bellini contou como eram frágeis os laços de identidade entre Evaristo e os jogadores, como eram maquiavélicos os interesses de gente que ainda hoje gravita em torno da seleção, como era visível o ódio que Evaristo nutria em relação à parte da imprensa que o havia tomado como cristo, como era repugnante a atuação dos arautos do caos – alguns jogadores incluídos entre eles –, que torciam para o fracasso da seleção, confiando na máximo do quanto pior, melhor...

A fita acabou e Evaristo continuou falando, enriquecendo, a cada nova lembrança, detalhes de todas aquelas revelações. Eu não via a hora de voltar à redação e transcrever a fita para a lauda – a matéria estava pronta, era só fazer o título. Nem isso, pois que o título também já estava pronto: O DESABAFO DO CAPITÃO.

A matéria saiu assim no jornal *A Gazeta Esportiva*, no dia seguinte, em forma de depoimento. Meses depois, foi distinguida com o Prêmio Esso de Jornalismo Esportivo, honra profissional que devo exclusivamente a dignidade de um homem como Hideraldo Luiz Bellini, o capitão que não quis calar.

Nelson Nunes
Editor-executivo do *Diário de São Paulo*

Edição

"Se a imprensa não existisse, seria preciso não inventá-la."
Honoré de Balzac

Edição é a seleção e organização das informações no produto final, e começa já da pauta. Se o jornal, em qualquer veículo, nasce ruim, ele vai ao ar ou chega às bancas ruim. Não tem como consertar. É a escolha de assuntos e sua importância que vão dar ritmo ao programa ou à publicação que chega às bancas.

Priorizar as reportagens, utilizar outras ferramentas de linguagem, como fotografias, boa diagramação, artes (no caso de jornais e revistas), pode transformar uma reportagem mediana em um produto interessante aos olhos do leitor.

No rádio, as edições devem ser enxutas, ricas em conteúdo e didáticas para que o ouvinte saiba do que se está falando. O editor é o responsável final pelas reportagens levadas ao ar.

Na televisão, a função do editor é bem trabalhosa e traz pouca visibilidade, mas é de fundamental importância e responsabilidade.

Editar uma reportagem para TV é como contar uma história, e, portanto, precisa de uma sequência lógica. Pelas características a essa história contada exige boa combinação de imagens e sons.

Alguns programas esportivos são editados para promover jogadores talentosos e com pouca mídia. Percebemos claramente que o editor foi tendencioso em certos assuntos ou reportagens. Infelizmente ídolos geram audiência, e audiência é lucro. Mas é certo que a linha editorial da emissora ficará comprometida. Um editor é tendencioso se enfatizar um jogador medíocre, por exemplo, esticar o tempo da entrevista com ele, deixá-lo aparecer mais e ainda editar um texto louvando o jogador que não é tão bom assim. Alguns jogadores não são tão craques, mas ganham espaço da edição, na mídia, porque são simpáticos, carismáticos e geram audiência. O jornalismo esportivo é deixado de lado para dar espaço ao ibope. A edição pode até construir ídolos. Isso quando não há um interesse pessoal da emissora ou do próprio editor naquele determinado jogador, por exemplo.

 A primeira lição de um bom editor é ser ético e ser fiel às informações, sejam elas esportivas ou não.

 Os editores de TV são os primeiros a avaliar qual matéria deve entrar ou cair. Eles também editam reportagens vindas de outras praças.

 O editor deve destacar o que merece destaque, ser criativo na linguagem e na apresentação das matérias, e não subestimar a inteligência do público, estimulando-o sempre a pensar e a exigir mais de cada edição. Assim, todo mundo sai ganhando.

 Material especial não pode ter o mesmo tratamento de algo banal. A edição precisa ter o máximo cuidado e tratar o material especial como deve ser. Senão corre o risco de ficar tudo nivelado por baixo.

 A edição deve ser a cara da publicação.

 Muitos repórteres escrevem do jeito que sua personalidade e instrução permitem. É preciso o cuidado de manter uma postura clara do veículo. O editor tem grande responsabilidade nisso.

 Em uma sonora muita longa, o entrevistado deve ser identificado pelos caracteres mais de uma vez.

 O editor deve ter atenção especial com as marcações no *script*. É preciso detalhar a DEIXA DO TEXTO, a DEIXA DA IMAGEM, O SOBE SOM, O REPÓRTER, O ENTREVISTADO etc.

 O esporte gera imagens maravilhosas, para deleite do editor. Ele deve utilizar todos os recursos audiovisuais possíveis para conseguir boa edição, mas nunca se valer deles para deturpar uma reportagem.

 O editor pode construir matérias inteiras usando sonoras obtidas pelos repórteres e entrevistas de âncoras no estúdio.

 O editor deve ter o cuidado de "limpar" a sonora, eliminando os longos períodos de silêncio, tosses e demais imperfeições.

 É a prática que faz com que o editor descubra os pontos ideais para os cortes e emendas. Mas a regra básica é dar sentido à fala. A sonora deve terminar com a entonação "para baixo". O depoimento que termina com a entonação "para cima" dá a impressão de que o entrevistado foi cortado.

Editor também escreve *cabeças* e *pés* de matérias e notas que compõem o *script* do telejornal.

JOGUEI A ISCA

Vivi uma situação como repórter que ilustra o inusitado da profissão, de como as oportunidades às vezes caem em nosso colo e precisamos estar preparados para transformá-las em notícia crível, checada. Em 1997, como repórter de *A Gazeta Esportiva*, fui cobrir uma partida entre Grêmio e Corinthians, pela Copa do Brasil, em Porto Alegre. Após a partida, no dia seguinte, eu precisava encontrar o ex-presidente do Grêmio Fábio Koff, hoje no Clube dos 13. Ele vinha travando uma guerrinha pela imprensa contra o então presidente da Federação Paulista, Eduardo Farah. A pauta era repercutir essa questão política que, no fundo, era disputa por espaço.

Liguei para o escritório de Koff e ele estava atendendo a um colega meu de outro jornal, cujo nome eu vou omitir por questão ética. Esperei a entrevista terminar, quando me telefonou no hotel a secretária de Koff, dizendo que ele não poderia me receber, mas me atenderia por telefone. Topei, já que tinha voo marcado para São Paulo no início da noite e não poderia esperar. Esgotei o assunto e, quando ia agradecer, ele me surpreende com a seguinte pergunta: "Tu sabes me dizer se o Felipão já assinou com o Palmeiras?", referindo-se ao técnico Luiz Felipe Scolari, que estava no Japão e vinha sendo sondado por vários clubes brasileiros, entre eles o Grêmio, à época comandado por Evaristo de Macedo.

Caiu a minha ficha de que, ali, ele estava querendo me utilizar, como dirigente do Grêmio, para tentar atravessar uma possível negociação com o Palmeiras, sabendo da enorme repercussão que haveria com uma matéria na *Gazeta*, naquela época ainda um jornal de boa representatividade.

Respondi e joguei a isca, embora não tivesse nenhuma confirmação. Eu senti que quem tinha a notícia era ele, e ele queria contá-la: "Pois é, doutor (ele era juiz de direito) Koff, parece que está tudo certo, só falta divulgar". Ele mordeu e disparou: "Falei com o Felipe ontem, ele, que me chama de pai, disse: 'Pai, não tem como dizer não, é muito boa a proposta'".

Ainda busquei algumas outras confirmações e as obtive. Koff, como dirigente influente do Grêmio, o presidente que tinha dado a chance a Felipão, estava se lamentando comigo: "É uma pena o Grêmio perder o Felipe para outro time brasileiro. O Grêmio hoje é uma ideia, e essa ideia é do Felipe", choramingou. Agradeci e disparei uma ligação para São Paulo, checando a informação com o setorista do Palmeiras à época, o repórter Marcelo Tieppo. Batemos a notícia com três ou quatro fontes e não havia erro: Felipão era técnico do Palmeiras. Cravamos a manchete, enquanto o concorrente deu uma entrevista boa, mas morna com Fábio Koff. Durante dois dias houve uma série de desmentidos, até mesmo do próprio Felipão, mas confiávamos nas nossas fontes e bancamos a história, embora sob ameaças da direção de redação à época. Em menos de uma semana, Luiz Felipe Scolari foi apresentado como técnico do Palmeiras e admitiu que havia mentido para esconder a negociação. Mas por sorte, aquela notícia caiu no meu colo e foi checada por um companheiro atento, num trabalho de equipe que rendeu um dos últimos grandes furos da fase final de *A Gazeta Esportiva*.

Maurício Noriega
Comentarista do SporTV

Emoção

"A imprensa pode causar mais danos que a bomba atômica. E deixar cicatrizes no cérebro."
Noam Chomsky

A emoção é a própria alma do esporte. Ela está nos olhos do jogador que faz o gol do título, na decepção da derrota, nas piscinas, quadras e pistas. Em nenhuma outra área do jornalismo a informação e o entretenimento estão tão próximos.

Alguns narradores são considerados bons porque narram com o coração, mexendo com as emoções do torcedor. Mas há um limite para tanta adrenalina? Sim, há! Transformar um evento esportivo em grande espetáculo no qual o simples passe de um jogador para outro é narrado com grande entusiasmo é exagero.

O esporte em si já tem certo grau de emoção. E sabemos que não é fácil, no jornalismo esportivo, dosar coração com razão. A TV, a todo momento "produz" o drama do esporte em partidas que não são tão comoventes assim. O perigo fica para a espetacularização de imagens e eventos. E o que é pior, quando a alta dose de emoção transforma ídolos em mitos e atletas em semideuses. Somam-se à partida, a edição de imagens, músicas inesquecíveis, lances repetidos a exaustão e o nacionalismo exacerbado.

Alguns profissionais torcem pela pátria mais do que informam como deveriam. O público quer que o jornalista informe pura e simplesmente. O jornalista esportivo não precisa torcer com o torcedor e muito menos pelo torcedor.

A Copa do Mundo, por exemplo, é um evento, um fato jornalístico a ser coberto. Mas sabemos que esse evento teve um preço. Até que ponto ficamos "imunes" à televisão quando sabemos que o veículo precisará do máximo de audiência para que compense financeiramente o valor investido na compra do evento? Até que ponto podemos endeusar atletas e criar ídolos para aumentarmos ao máximo a audiência e, assim, o retorno com patrocinadores ser satisfatório?

As respostas dessas questões são fáceis, pois sempre devem estar baseadas na ética profissional.

Todo jornalista esportivo deve saber que as emoções são contagiosas.

Dizem que não se faz um bom jornalismo sem emoção. Concordamos. Mas sempre com o compromisso com a verdade também presente.

A emoção na transmissão de um evento esportivo deve ser na medida certa. Nem toda disputa é uma finalíssima de campeonato, por isso a emoção precisa ter um limite correto. Exageros podem levar a um conflito ético.

A emoção deve estar na dose certa e sempre ser recheada de isenção. Aliás, isenção é uma meta que deve ser perseguida todos os dias.

Não é recomendável abrir as comportas da emoção mesmo que a seleção brasileira de futebol vença a Argentina numa final de Copa do Mundo. Isso pode comprometer todo o seu trabalho jornalístico.

É comum que um atleta, durante uma competição, perca a razão e agrida um colega. É um ato reprovável, mas o jornalista não é nem juiz nem psicólogo para julgar ninguém, nem o agressor, nem o agredido. São momentos de ação apaixonada que costumam gerar arrependimento logo depois que a poeira assentou. Daí em diante, a questão deve ser resolvida pela justiça desportiva, ou, se for um caso grave, pela justiça comum.

É comum dizer que um pessoa torce por um time. A palavra torcer quer dizer que ela está apaixonada, inebriada, encantada com uma equipe ou por um atleta e nenhum raciocínio lógico é capaz de demovê-la disso. É uma característica do ser humano respeitabilíssima. São momentos de grande emoção e que são externados das maneiras mais exóticas que vão do grito, choro, abraço até o rojão e o foguetório. Mais do que isso, vai para o campo do vandalismo e quem cuida é a polícia. As paixões repetidas esmagam a razão, por isso é bom que os jornalistas saibam que a sociedade tem regras para conter as ondas de excesso emocional que surgem demasiadamente livres e que podem se tornar irrefreáveis.

Quem torce modifica, altera, distorce. O torcedor tem o direito de torcer e distorcer à vontade. O jornalista não pode fazer nem uma coisa nem outra, nem mesmo quando a seleção brasileira entra em campo. A pátria não está de chuteiras, nem de sunga, nem de capacete, nem de biquini, nem de maiô, enfim, a pátria não se confunde com uma competição seja ela qual for, ainda que, com finalidades políticas e populistas, alguns governos, com apoio da mídia, favoreçam isso. Cabe ao jornalista fazer a separação e denunciar a manipulação de um entretenimento como instrumento político.

A competição pode ser contaminada pela atmosfera emocional de uma cidade ou de uma região. Porém, cabe ao jornalista esportivo procurar sempre o equilíbrio e o bom-senso e não incentivar as torcidas além do que é razoável. Há emissoras que parecem que transmitem uma batalha e não uma competição esportiva, com regras legais e éticas.

As mentes emocional e racional operam em estreita harmonia, na maior parte do tempo, entrelaçando seus modos de conhecimento para orientar as pessoas no mundo, diz o psicólogo Daniel Goleman. Por isso, os jornalistas devem saber que quando surgem as paixões, o equilíbrio balança, ou seja, a mente emocional toma o comando e inunda a mente racional. Um dos problemas é criar um clima de euforia e expectativa que pode culminar com a derrota da equipe ou do atleta e gerar um anticlímax que pode ir do choro a depredação e a violência física contra inocentes. Essa responsabilidade os jornalistas esportivos sempre devem ter em mente.

Outra dica do Goleman: a ira é a mais sedutora das paixões, como o tenista que perde um *set* e quebra violentamente a raquete, ou o goleiro que pega a bola no fundo do gol e chuta para a torcida. Não se esqueça que a ira alimenta a ira.

O homem é o único animal que chora, por isso as lágrimas em atletas e torcedores devem ser tratadas respeitosamente. Ninguém pode acusar uma pessoa de estar fingindo choro, ou desfilando lágrimas de crocodilo, porque não é capaz de interpretar o sentimento. Alguns jornalistas fazem julgamentos apressados, e isso é um desrespeito.

O jornalista esportivo, pela tipicidade do seu trabalho, precisa estar apto a lidar com frustrações, controlar emoções e se relacionar com pessoas. Isso não quer dizer que outros fatos sociais também não exijam isso, mas o esporte exige mais e com maior frequência. Não faz mal a ninguém manter um acompanhamento psicoterápico.

Nenhum jornalista precisar se transformar no Homem de Lata, do *Mágico de Oz*, que não tinha coração. É bom que fique claro que o objetivo dessas dicas é o equilíbrio e não a eliminação das emoções, uma vez que todo sentimento tem seu valor e sentido. O ser humano tem o senso lírico e os valores mais elevados do coração humano, ou seja, fé, esperança, devoção, amor, e suas antíteses, entre elas o ódio. Tudo isso cabe no jornalismo esportivo com mais espaço do que qualquer outro assunto.

Ninguém nasce sabendo como tratar das emoções que afloram no esporte, por isso, lidar com os sentimentos alheios é uma aptidão que se desenvolve na autoconsciência. Disso resulta o autocontrole emocional, ou seja, ser capaz de adiar a satisfação e reprimir a impulsividade.

 Alguns jornalistas que apresentam programas, ou lideram reportagens esportivas como âncoras ou narradores, gostam de tomar uma dose de álcool antes do trabalho porque se sentem mais descontraídos. É preciso cuidado com essa prática, uma vez que o álcool é um depressor do sistema nervoso e pode provocar efeitos indesejados como a depressão e a melancolia. Nada é veneno, tudo é veneno, depende da quantidade, dizia o médico medieval Paracelso.

 Alguns jornalistas são classificados de pessimistas e otimistas pelos colegas, e muitas vezes encontram dificuldades na profissão por causa dessa rotulação que costuma ser falsa. Otimismo e esperança, assim como impotência e desespero, podem ser aprendidos.

 A chave para intuir os sentimentos dos outros – e relatá-los nas reportagens esportivas – está na capacidade de interpretar canais não verbais, tom de voz, gestos, expressão facial etc. Para se interpretar algumas dessas manifestações não é preciso ser psicólogo, apenas apurar o senso de observação.

 As demonstrações de emoções têm consequências imediatas no impacto que causam nas pessoas que as recebem, e as transmissões de TV são o maior exemplo disso: o telespectador tenta constantemente interpretar as emoções dos atletas. Alguns tentam minimizá-las, outros superdimensioná-las. Cabe ao jornalista informar ao telespectador o que se passa realmente.

ÀS 6H40 O CORAÇÃO PAROU DE BATER: AYRTON SENNA ESTÁ MORTO!

No início dos anos 1990 eu dividia a cobertura das corridas de Fórmula 1 com os companheiros Oscar Ulisses e Jorge de Souza, pela rádio CBN. Os dias 29 e 30 de abril, e especialmente o 1º de maio de 1994, entraram para a história do esporte. O destino me colocou na Itália naquele fim de semana. Na sexta-feira, Rubens Barrichello sofreu um acidente

Manual do jornalismo esportivo

gravíssimo e foi parar na UTI do Hospital Maggiore de Bolonha, cidade do norte da Itália. Naquela época a telefonia celular estava no começo. O Henrique Cardão, nosso comentarista que vivia na Bélgica, estava inaugurando o *roaming* internacional de seu celular. Peguei emprestado e fiz uma entrada da porta do Hospital do autódromo de Ímola entrevistando, ao vivo, o Ayrton Senna.

Senna havia falado com o Rubinho e tranquilizou a todos nós com boas notícias. Foi a última entrevista do Ayrton. Mais tarde fiz uma entrada, ao vivo, da UTI do Hospital Maggiore de Bolonha ao lado do Rubinho. Era a constatação de uma revolução: o telefone celular.

No sábado, o trágico fim de semana continuou com a morte do piloto austríaco Roland Ratzenberger.

Eu não imaginava que aquele mesmo aparelho seria o portador da mais dolorosa notícia para o esporte brasileiro em toda a sua história.

No domingo, eu narrava a corrida. Senna largou na *pole position* pela 65ª vez na carreira, recorde igualado apenas 12 anos depois por Michael Schumacher. Na sétima volta a batida na curva Tamburello. Desde o primeiro instante sabíamos que era uma situação dramática. Controlar a emoção, os nervos, manter o raciocínio eram desafios constantes. Depois do atendimento, Senna saiu da pista, de helicóptero, direto para o Hospital de Bolonha. Narrei a corrida até o fim, com vitória de Schumacher. Mas, na sequência, saí como um louco de Ímola para Bolonha, uma viagem de pouco mais de 40 quilômetros. Já sabia o caminho que tinha descoberto na sexta-feira. Nós, jornalistas, nos reunimos no saguão do Hospital Maggiore. Com o celular em punho, era o único profissional que estava ao vivo quando a médica responsável pelo atendimento ao Ayrton veio falar com a imprensa. Dra. Maria Tereza Fiandre foi lacônica, ao vivo, dentro do programa Agito Geral da Rádio Globo:

"Às 6h40 da tarde o coração parou de bater. Ayrton Senna está morto!" O restante da história todos conhecem.

Mesmo Senna sendo um ídolo e muito querido por todos nós, tive de manter a frieza, controlar a emoção e sair atrás da notícia, que é o trabalho de todo jornalista.

Luis Roberto
Narrador e apresentador da TV Globo e SporTV

Texto

"Sou a favor da imprensa livre. O que não suporto são os jornais."
Tom Stopard

Pense em um ponto final de bloqueio triplo no vôlei, um gol sensacional ou uma quebra de recorde mundial na natação. O texto deveria ser como esses lances. Mas a linguagem utilizada pelos jornalistas esportivos é justamente aquela que, no campo do futebol, por exemplo, eles mais combatem: sem graça, equivalente a um empate sem gols. Infelizmente a linguagem utilizada está recheada de clichês e lugares-comuns, quase banalizada. Os redatores fazem uso do mesmo vocabulário para descrever as mesmas situações, apoiando-se nas mesmas figuras de linguagens. Hoje os chavões fazem parte da própria linguagem da imprensa – aliás, do próprio falar e, consequentemente, dos textos.

Precisamos ficar atentos com o uso abusivo e exaustivo do recurso do clichê. Quer que seu texto seja lido com prazer? Seja criativo, fuja dos chavões, solte as amarras do texto, coloque paixão sem abdicar dos rigores da informação. Paixão jornalística e não clubística, deixemos claro.

Beber da fonte é fundamental. É muito difícil um redator produzir um texto criativo, contar uma história diferente sem ter presenciado, em carne e osso, o evento esportivo. A participação do repórter no local do fato é, no jornalismo esportivo, um elo entre o público e o evento. As entrevistas feitas no local facilitam a fase de coleta de dados.

Um texto atraente contém o máximo de informações relevantes distribuídas de maneira clara e criativa. Cada linha chama a leitura da próxima, cada parágrafo desperta o interesse pelo seguinte. A primeira informação é aquela que vai direcionar o texto e nela o jornalista opta pelo último acontecimento que interferiu diretamente no desenvolvimento do fato. Por exemplo, a expulsão de um atleta, convocação para seleção, discussão com o técnico. Essas informações podem interferir na performance dos atletas e influenciar no andamento de uma competição. A sensibilidade do repórter é fundamental para uma adequada seleção dos fatos principais que farão parte da matéria.

Sabemos que infelizmente o redator, refém da correria do fechamento, é pressionado para produzir textos com uma linguagem cada vez mais coloquial. É a linguagem das ruas, que está na televisão, no rádio, e que modifica também o jornalismo impresso. Mas a criatividade ainda é a melhor ferramenta para o texto. Fuja do meramente descritivo, conte histórias interessantes, "fuce", ache seu diferencial.

 Um bom texto é premissa em qualquer veículo.

 A emoção deve passar por meio da atmosfera narrativa sem apelar para os adjetivos românticos.

 Evite frases muito extensas. A ausência da oração principal torna a leitura difícil.

 Fuja da já batida utilização de nomes de filmes e músicas nas manchetes. Coisas como *"Nascidos para matar"* ou *"Fulano, o matador de aluguel"* são de gosto duvidoso.

 O jornalista deve consultar sempre um dicionário. Isso evita que falte fluência no texto por inadequação de vocabulário.

Evite gerúndios, acúmulo de verbos em locuções e excesso de verbos auxiliares.

 Quanto maior o domínio de um tema, maior a responsabilidade de quem assina a matéria.

O uso abusivo de parênteses quebra a ideia principal do texto.

 Nem todos gostam de piadas, portanto, evite escrever textos com piadinhas ou termos chulos.

Quando uma declaração mais forte vira título de matéria, o atleta muitas vezes não assume o que disse. Portanto, tenha sempre à mão um gravador e registre toda a entrevista.

 Tome cuidado com todas as palavras do texto. A mudança de uma simples palavra pode alterar o teor de uma frase ou declaração.

 E, por último, lembre-se: fazer um diário de esportes é um exercício constante de criação.

UM ITALIANO IMPECÁVEL

No fim de 1980 e nos primeiros dias de 1981, o Uruguai foi sede de um Mundialito de futebol, torneio que reunia a maioria das seleções campeãs do mundo. Além dos uruguaios, participaram também Brasil, Argentina, Itália, Alemanha e Holanda (vice-campeã em 1978, que foi no lugar da Inglaterra). O *Estadão* mandou uma equipe para cobrir o evento e lá estava eu, no meio de feras como Vital Battaglia, Fausto Silva (o Faustão, esse mesmo), Eduardo Savóia e os saudosos Tuca Pereira de Queiroz e Sergio Baklanos.

Por ser o mais garoto da turma, coube-me acompanhar todas as seleções, exceto a brasileira. O que parecia um abacaxi daqueles, transformou-se numa experiência interessante e me dei duplamente bem. A primeira ocorreu em 3 de janeiro, depois da derrota da Itália para o Uruguai por 2 a 0. O técnico da *Azzurra*, Enzo Bearzot, estava furioso com a arbitragem, mas foi contido demais na rápida entrevista coletiva que concedeu assim que acabou o jogo no Estádio Centenário.

Os jornalistas italianos não ficaram satisfeitos com as respostas e quiseram mais declarações. Para tanto, armaram uma baita confusão, até que veio o assessor de imprensa da Federação Italiana de Futebol e permitiu que entrassem no vestiário para conversar com Bearzot. Eu me coloquei no meio deles para entrar, mas estava sendo barrado. Daí apelei para minhas origens (sou filho de imigrantes salernitanos) e reclamei, em italiano impecável: *"Ma anch'io ho bisogno di lavorare!"* ("Mas eu também tenho de trabalhar!"). O assessor ficou em dúvida, porque não me conhecia, mas permitiu que entrasse. No dia seguinte, o *Estadão* tinha declarações fortes de Bearzot, que meteu bronca na arbitragem e nos organizadores do Mundialito.

Meu atrevimento chamou a atenção de colegas italianos e um deles, Angelo Pesciaroli, que trabalhava no *Corriere dello Sport*, de Roma, perguntou se eu não queria escrever para o jornal dele. Aceitei o desafio e, durante 13 anos (até a morte do Senna, em 1994), fui correspondente do jornal no Brasil.

Antero Greco
Repórter especial do *Estadão* e comentarista da ESPN Brasil

Linguagem do esporte

"Em futebol, o pior cego é o que só vê a bola. A mais sórdida pelada é de uma complexidade shakesperiana. Às vezes, num córner bem ou mal batido, há um toque evidentíssimo do sobrenatural."
Nelson Rodrigues

A linguagem jornalística do esporte nunca teve uma escola definida. O surgimento de um estilo próprio sempre dependeu das tentativas de erros e acertos. Em 1932, início das transmissões esportivas no rádio, a linguagem usada era a da pura emoção. Os locutores chegavam a gritar para demonstrar a explosão do gol. Muitas vezes não se preocupavam com quem estava em volta e se o estádio estava lotado: eles falavam mais alto para não ter seu som abafado pelos urros da torcida enlouquecida. Casos como esses eram um espetáculo à parte quando comparados às narrações de locutores da Europa, habituada a uma narração mais informativa e menos empolgante.

Nos anos 1950, prosas e crônicas esportivas faziam sucesso nos jornais impressos. Tanto que alguns jogos ruins ou violentos podiam virar quase um romance nas linhas desses periódicos. Contudo, dos anos 1980 ao começo dos anos 1990, a precisão ganhou espaço e tornou o esporte quase frio. O compromisso com a verdade jornalística contribui para que a linguagem se torne mais descritiva. O ideal é que se tenha um equilíbrio dessas duas vertentes: emoção e descrição dos fatos. O esporte não vive sem emoção.

A partir da década de 1990, passou a haver uma preocupação: o esporte funciona como uma editoria isolada ou faz parte da redação jornalística na televisão? A resposta é que alguns veículos integram o esporte ao jornalismo, outros associam o evento esportivo à área técnica. Para alguns, o departamento de esporte continua isolado com suas verdades e regras próprias.

O discurso jornalístico adotado por um veículo de comunicação pode colocar a ética em xeque-mate. Se o tom da redação é ser mais humanista, pode ocorrer de o repórter tomar participação na vida de um clube, de um atleta deixar o distanciamento profissional comprometido. Esse tom intimista mexe diretamente na linguagem. Assim, a vitória esmagadora da seleção brasileira passa a ser "nossa vitória", ou o ouro do Brasil no vôlei de praia se torna o "nosso ouro olímpico". Em muitos países da Europa, como Espanha e Itália, é comum o jornalismo-bandeira, e grande o perigo de um comprometimento da credibilidade.

Hoje, a linguagem jornalística esportiva está bem caracterizada de veículo para veículo. Algumas TVs adotam o estilo do jornalista-personagem, em que a função não é só passar a informação, relatar o fato. É preciso "viver" aquela emoção para o telespectador. O repórter faz rapel, escala montanhas, mergulha, desce corredeiras, luta, chora, sofre e vive até a última gota a emoção do esporte. Ele é tão protagonista quanto o atleta.

Os jornais e revistas adotam a descrição em detalhes dos bastidores, a comprovação e explicação dos fatos esportivos acontecidos no dia anterior. E a internet quer bater recordes dos "100 segundos rasos", da qual muitas vezes o que vale é quanto mais rápido a notícia subir para o site melhor. Um pecado para as pautas elaboradas e uma proliferação de profissionais mal preparados em que o intuito é cumprir uma meta: mais uma notícia no ar! Mesmo levando em conta que estilo é uma marca pessoal ou da própria empresa, o modelo jornalístico esportivo não pode ser ignorado. Aqui vão algumas sugestões:

 Procure colocar os últimos enfrentamentos entre as equipes em pauta, dados históricos, comparativos e estatísticos.

 Faça um levantamento dos personagens que já participaram dos últimos confrontos das equipes pautadas. Isso pode render ótimas histórias.

 Não se esqueça: a pauta é determinante na linguagem, no estilo e principalmente na finalização da matéria. A pauta não pode ser considerada agenda a ser cumprida.

 É possível fazer jornalismo esportivo inteligente. Procure sempre estar informado e antenado com o mundo. Uma pauta de esporte não se faz somente sobre esporte.

 Escute os especialistas. Nem que seja somente para se atualizar e saber mais sobre assuntos pouco abordados no dia a dia do esporte, como a política esportiva e o direito desportivo.

 Cite os personagens indiretos, como cartolas, personalidades, políticos que estão somente na arquibancada. Descubra se eles têm alguma ligação com a partida, se torcem para algum time.

 Fique atento às demonstrações de emoção, de angústia dos torcedores, familiares dos atletas, personagens ligados diretamente ao evento esportivo.

 Quem fez a diferença no jogo? O técnico, a comissão técnica, o médico ou o próprio atleta? Avalie principalmente a atuação de cada jogador na partida em pauta.

 Levante há quantos jogos tal time está sem perder ou há quantos aquele está sem ganhar, gols sofridos, recordes individuais, recuperação das contusões. Tudo é notícia e faz parte da linguagem do esporte.

 Em esporte há mais liberdade na linguagem falada e escrita, o que não aposenta, no entanto, a gramática.

 Cuidado com o uso de gírias. Há algumas que cabem em determinada situação e em outras não. O bom-senso tem de funcionar mais para que não se ultrapasse a linha do bom para o mau gosto.

 Em algumas situações não há como evitar palavras estrangeiras em uma matéria, principalmente o inglês. Esse fenômeno acontece também em outros setores da sociedade. Contudo, nem sempre o público sabe o que significa e por vezes é preciso traduzir.

 É preciso decodificar sempre. É verdade que uma parte do público não acompanha o esporte, mas quando há um grande acontecimento, passa a fazê-lo. Piadinhas à parte, ele tem o direito de entender o que se passa e para isso é necessário explicar técnicas, regras e termos usados na competição. Quantos sabem as regras do futebol americano, ou do golfe, ou do beisebol? É preciso conquistar audiência sempre, e uma das formas é com uma linguagem acessível aos "leigos".

ENTRE NO JOGO!

Todas as línguas possuem o que se chama de "expressão idiomática", isto é, frases ou sentenças de uso interno muito próprio ao grupo falante e que não podem ser compreendidas literalmente, pois, de maneira geral, é impossível deduzir o sentido completo apenas desvendando o significado dos termos que a compõem. Exemplos? *Bateu com as dez; vestiu o paletó de madeira; ganhou bilhete azul...*

Aliás, os esportes e jogos são impregnados de vocábulos ou expressões que só são entendidas por quem faz parte da comunidade de iniciados, ficando na fronteira entre o idiomatismo e a gíria, mormente os boleiros. E a osmarsantiana *Ripa na chulipa e pimba na gorduchinha? E o tá no filó? Gol de placa? Drible da vaca? Engoliu um frango? Soltou um pombo sem asa? Deu um carrinho? Deixou lá na gaveta? Pisou na bola?*

Se assim é no gramado, na arquibancada e na narração, o mesmo vale para a vida familiar. Não há parentesco que não carregue suas "expressões idiomáticas", pois a sua origem tem a ver com histórias – reais ou simuladas – que circulam por décadas no interior dos almoços, jantares, comemorações, aniversários e enterros.

Na minha família não seria diferente...

Nascido em Londrina, no Paraná, na qual vivi até os 13 anos, ia semanalmente com meu pai, Antonio, e meu irmão Etore ao Estádio Vitorino Gonçalves Dias, em uma época em que minha mãe, Emília, não temia que não voltássemos vivos. Crianças, nos divertíamos muito mais com as pipocas e os sorvetes (e as inacreditáveis e toscas máquinas de descascar laranjas) do que com o jogo de futebol. Não tinha importância; o que valia era o espanto com os gritos, a alegria com os rojões e a curiosidade em ver o pai com um reluzente – e recém-chegado ao mercado – radinho de pilhas com capinha de couro colado ao ouvido, ansioso e feliz. Vez ou outra algum jogador batia errado na bola e ela ia muito além do gramado (o famoso chutão), passando por cima do muro do estádio; nessa hora, além das vaias ou risadas dos adultos à nossa volta, ouvíamos meu pai dizer: *Ih! Foi lá pro Godói Barbudo.*

Godói Barbudo? É sim. Londrina, na época uma região essencialmente agrícola, disputava com Ribeirão Preto o título de "Capital Mundial do Café"; na cidade havia inúmeras empresas de beneficiamento de grãos, entre elas, grudada ao estádio de futebol, uma pertencente ao senhor Godói que, usuário de imponente barba, foi capilarmente alcunhado. Durante décadas e, claro, até hoje entre nós, os mais idosos, dizer que "foi lá pro Godói Barbudo" virou sinônimo de erro crasso ou sinal de ridículo, resultante de tentativa exagerada.

Em 1968, já morando em São Paulo, fui brindado com ótima coincidência: morar a apenas cinco quarteirões do Estádio do Pacaembu. Havia jogos às terças, quartas, quintas, sábados e domingos. Eu ia a quase todos, independentemente dos times que jogassem; menor de idade, não pagava ingresso e, depois, quando cresci, os portões eram abertos no início do segundo tempo e entrava quem quisesse. Não havia mais o terreno do Godói Barbudo, mas, ficava ao fundo, no lado oposto aos portões principais, uma imensa (e, naquele tempo, quase obscena) reprodução da estátua nua de David, de Michelangelo (o original está em Florença, esculpido em mármore). Pois era em direção ao imóvel David, ou, mais precisamente, em direção às alegóricas "partes pudendas" que durante muitas partidas inúmeras bolas foram dispersadas, o que gerou na família nova e indizível expressão idiomática. Secretaria Municipal de Esportes informa: saem as barbas do Godói, entram as gônadas do David [...].

Futebol, lugar de folguedo, folga, distração, folia, passatempo, ócio, beleza, pura criação, deliciosa inutilidade.

Inutilidade? Claro; o único sentido elevado do lúdico é não ser possuído pela carência imediata, pela urgência pragmática, pela indigência material. O lúdico, o jogo, a dança, a festa, a brincadeira; tudo serve para não servir a outra coisa que não seja a nossa capacidade de ultrapassar o reino da necessidade e adentrarmos o reino da liberdade. O "inútil", tal como acontece com as músicas que cantamos, os jardins que plantamos, os quadros que pintamos, as poesias que inventamos, os jogos que praticamos, é o lugar do prazer descompromissado.

Jogar? Não precisamos disso para, biologicamente, viver; fazemos porque é gostoso, porque carrega o que Paulo Freire recuperava como "boniteza" e os gregos antigos juntavam como "o bom e o belo".

Seria tolice esquecer que o jogo, mormente o futebol, ganhou contornos de puro negócio (o *nec otium*, o não ócio); nessa hora, vale o alerta feito pelo escritor francês Théophile Gautier (a quem Charles Baudelaire dedicou as *Flores do Mal*), pois no prefácio feito a sua obra póstuma *Poesias completas* (1876) estava registrado: *"Em geral, logo que uma coisa se torna útil, deixa de ser bela".*

De Paris a Pilar, no interior da Paraíba, para encontrarmos José Lins do Rego. Além das suas reminiscências presentes no imortal *Menino de engenho*, escrito em 1932 (dois anos após a primeira Copa do Mundo de futebol, disputada no Uruguai), escreveu a crônica "Fôlego e classe" no *Poesia e vida* (publicada em 1945, sem a expectativa da próxima Copa no ano seguinte, suspensa por causa da Segunda Guerra Mundial) e nela anotou:

"[...] O futebol é, como o Carnaval, um agente de confraternidade. Liga os homens no amor e no ódio. Faz que eles gritem as mesmas palavras, e admirem e exaltem os mesmos heróis. Quando me jogo numa arquibancada, nos apertões de um estádio cheio, ponho-me a observar, a ver, a escutar. E vejo e escuto muita coisa viva, vejo e escuto o povo em plena criação."

Esse Zé Lins (como alguns o chamavam) sabia das coisas; morreu um ano antes de a seleção brasileira conquistar a primeira Copa em 1958, mas preparou-nos o espírito.

Por isso, entre no jogo. Criar, recriar, recrear.

Bom divertimento!

Mario Sergio Cortella
Filósofo, mestre e doutor em Educação pela PUC-SP, na qual é professor titular.

Prestação de serviço

"O trabalho da imprensa não pode ser confundido com programa de auditório."
Luís Garcia

Quando falamos em jornalismo de serviço, é comum ouvirmos jornalismo a serviço da saúde, da ciência, do cidadão. E onde fica o jornalismo a serviço do esporte? Deveria estar norteando toda cobertura esportiva, seja ela em que veículo for.

A prestação de serviço deve ter a mesma qualidade, seriedade, exatidão e credibilidade de qualquer matéria. Não pode ser considerada reportagem de menor importância.

Em jogos considerados clássicos, muitas emissoras de rádio e TV destacam três repórteres para cobrir o evento. Um para cada time e o terceiro chamado popularmente como "repórter da galera" tem a missão de enxergar o que não ocorre dentro do campo ou da quadra. Muitos ficam apenas nas arquibancadas procurando alguma personalidade de destaque para ilustrar a reportagem. Esse terceiro repórter é parte fundamental da cobertura esportiva, e se fizer um bom trabalho ganhará destaque no trabalho jornalístico de equipe. Ele deve fazer o trajeto a caminho do evento e informar tudo o que vê que seja relevante para o torcedor que também está a caminho e ávido por informações que vá lhe trazer mais comodidade. Algumas informações são obtidas em órgãos de serviços públicos e privados. O repórter que faz a prestação de serviço deve sempre estar em sintonia com o pessoal de redação para checar e completar a informação apurada. Como as informações de prestação de serviço têm influência direta na vida de muitos torcedores, os eventuais erros cometidos provocam consequências imediatas e muitas vezes graves. A informação errada sobre o horário ou local de um jogo, por exemplo, não só causa irritação em quem confiou naquela emissora, mas pode também ser responsável por problemas maiores, como brigas e confusões generalizadas entre torcidas.

Boa parte dos torcedores procura informações úteis para o seu dia a dia, que resolvam problemas concretos. Preços dos ingressos, local de venda, horários dos jogos, mudança de local/dia/horário, trânsito a caminho do estádio, transporte, acidentes, caminho alternativos para cada torcida e até capacidade de público no local do evento. Mas não é só isso.

Aqui vão algumas dicas do que o torcedor quer e deve saber:

 Uma forma de prestação de serviço é anunciar se os sanitários do local estão em plenas condições de limpeza e funcionamento, e também se estão em número compatível com a capacidade de público. Não esqueça, isso é um direito do torcedor.

 O torcedor deve saber se os produtos alimentícios comercializados no local de realização do evento esportivo estão com preços excessivos ou aumentaram sem justa causa.

 Para cada grupo de 10 mil torcedores deve haver um médico, dois enfermeiros e uma ambulância. Cheque se está tudo certo.

Garantir ao torcedor o direito à uma competição organizada quanto aos regulamentos e a venda de ingressos.

 Cabe à entidade organizadora da competição contratar seguro de acidentes pessoais para cada torcedor. O seguro será válido desde o momento em que o torcedor estiver dentro do estádio.

 Os estádios com capacidade superior a 20 mil pessoas devem ter câmeras de vídeo espalhadas pelo local e instaladas junto às catracas eletrônicas para controlar a entrada e saída de torcedores. As imagens servem para monitorar o público presente e ajudar na segurança do evento.

 Todo local de prática esportiva deve assegurar acessibilidade ao torcedor portador de deficiência ou com mobilidade reduzida.

 O torcedor tem direito a frequentar os estádios de futebol com tranquilidade, devendo ser garantida sua segurança antes, durante e depois das partidas. Verifique a presença de "orientadores de público", responsáveis pela orientação aos torcedores dentro e fora dos estádios.

 Todo torcedor portador de ingresso tem o direito a um seguro de acidentes pessoais que será válido desde o momento em que ingressar no estádio.

 O jornalista esportivo deve ter amplo conhecimento do "Estatuto do torcedor", que visa a defesa e proteção dos torcedores.

Quem?

Editor-chefe

"Não há fatos, só interpretações."
Nietzsche

Muitos jornalistas esportivos que escolhem esta área imaginam que gostar de esportes, ter boa memória e contatos é o suficiente para fazer de si um bom profissional. Não resta dúvida que essas três características são importantes. Mas escrever bem é primordial e ter o hábito da leitura de qualidade que acaba por enriquecer o vocabulário e consequentemente a construção de textos é essencial (confira a seção "Texto" neste livro).

Para se chegar a editor-chefe, é necessário ter tido grande experiência como repórter e, depois, como editor. Edição é seleção, seja de foto, texto, imagem, assunto, levando em conta espaço, interesse e público-alvo. O editor participa de toda a etapa na notícia, até mesmo quando se define a pauta. Isso já é edição. O editor é o profissional que coordena a equipe, define o destaque e relevância das matérias, orienta o enfoque, calcula gastos, escolhe os jogos a serem transmitidos.

Na televisão, muitas vezes, o jornalista-apresentador é também o editor, imprimindo ao programa seu estilo pessoal, em consonância com os interesses da empresa para qual trabalha. No rádio, há certa confusão. Muitas equipes esportivas têm seu principal locutor com o cargo de editor-chefe, mas que na prática não o exerce até pela falta de preparo. Podem ser chamados também de "chefes de equipe", o que dá a impressão de ranço jornalístico.

É o coordenador de equipe, em geral, que exerce a verdadeira função de um editor de esportes. Este profissional orienta a cobertura do cotidiano dos clubes e entidades ligadas ao esporte, seleciona os jogos que serão transmitidos bem como a escala dos profissionais envolvidos na cobertura. Muitas vezes é o responsável pelos contatos com as empresas de telecomunicações, viabilizando os canais necessários às transmissões. Acumula também a função de segundo locutor da equipe ou apresentador de programas esportivos.

Narrador

"Pior do que ser anônimo é ser um jornalista de má fama."
Ciro Marcondes Filho

A transmissão esportiva não é nada mais do que um programa que sai do estúdio e vai para o estádio. Os jornalistas são os mesmos e a intenção é a mesma, ou seja, fazer jornalismo esportivo. A transmissão esportiva é um programa como outro qualquer e, por isso, precisa de um apresentador. No passado era identificado como locutor ou narrador, geralmente identificado como um *showman*. Toda a equipe girava em torno de sua popularidade e seu carisma.

O narrador de outrora não se limitava a acompanhar os eventos, tinha de fazer parte deles. Considerava-se personagem da ação que se desenrolava, quer fosse em um campo de futebol, em uma quadra de vôlei ou em um ringue de boxe. Sem ele o espetáculo não existia e as cortinas não se abriam, logo estava incompleto. Alguns narradores tornaram-se celebridades, obtiveram ascensão social e puderam conviver com as elites nacionais de várias épocas.

A transmissão esportiva que se consagrou no Brasil foi a irradiação do futebol. Um locutor postado na cabine, no centro do estádio, um repórter atrás de cada gol, um comentarista ao seu lado, um plantão esportivo com informações de outros jogos e repórteres em outros estádios. O tom do trabalho era "bola rolando": o locutor perseguia a ação de forma incansável e muitas vezes se esquecia totalmente de fatos relevantes no estádio ou no campo. O ouvinte percebia que alguma coisa estava ocorrendo, mas ele só ouvia a descrição da bola.

Quando ela saía de jogo, o narrador aproveitava para ouvir seus companheiros. Voltava à bola e era difícil conseguir interromper a transmissão. Era um tabu. Raramente o departamento de jornalismo conseguia entrar com uma informação relevante: era um espaço sagrado, exclusivo ao grupo encarregado de transmitir. O locutor, distante das jogadas mais perigosas próximas ao gol, chamava o repórter que estava atrás da meta para que ele tirasse suas dúvidas e do comentarista. Nem sempre isso ocorria, mas o repórter tinha a vantagem de estar dentro do campo, próximo ao acontecimento. O esquema de transmitir somente a bola rolando teve sua época de ouro, consagrou brilhantes locutores, e foi levado para outros esportes como o basquete, o vôlei, o handebol etc.

Essa triangulação permanece até hoje na maioria das rádios, e durante bom tempo também existiu na televisão, ainda que fosse redundante dizer uma coisa que todo telespectador estivesse vendo. Talvez por isso houve uma mudança na trasmissão televisiva e o locutor deixou de perseguir a bola – o que a câmera mostra bem – e a enriquecer a transmissão com outros atrativos. A evolução da tecnologia ajudou muito e o uso do videoteipe mostrou que é desnecessário manter um repórter atrás do gol.

Porém, narrar significa apenas expor, relatar, descrever o fato. Observar e comunicar. O jornalismo pressupõe um distanciamento crítico do acontecimento narrado. Portanto, se o narrador esportivo deixar transparecer seu entusiasmo por seu time de coração, seu trabalho provavelmente ficará comprometido. Esse profissional deve saber passar a emoção da competição narrada, mas sem exageros. Um perigo gerado pelo aspecto fantasioso da transmissão é levar o torcedor a sonhar com uma competição muito mais emocionante do que vista no estádio. Um jogo não pode parecer maravilhoso se na verdade está ruim.

Hoje em dia, não basta apenas que o profissional relate aquilo que está vendo diante dos seus olhos. O narrador necessita saber ser um âncora das transmissões (confira na próxima seção – "Âncora"), saber editar e conhecer bem a competição que está transmitindo. Precisa passar ao torcedor a emoção na medida certa, sem esbarrar no histerismo que ocorre com alguns profissionais em épocas de Copas do Mundo e Jogos Olímpicos.

Mesmo considerando as diferenças entre a narração no rádio e a narração na TV, uma coisa é comum a ambos os meios: o narrador precisa improvisar. Como não ter problemas? Improviso é sinônimo de preparo e conhecimento do assunto. Não pode de forma alguma ser confundido com verborragia, ou falar apenas para ocupar o espaço vazio. Uma dose de controle emocional é sempre bom. As transmissões de televisão exigem menos do narrador, que não tem a necessidade de preencher os vazios ocasionais da competição.

Já o narrador de rádio deve criar imagens na mente do ouvinte e transportá-lo para o estádio. Muitas vezes a transmissão esportiva é tida como espetáculo porque, em sua maioria, se centra em uma única pessoa, o narrador. Muitos usam esse tempo como verdadeiro palco para toda a encenação, esquecendo que estão ali para fazer jornalismo esportivo.

Ainda hoje, por vezes, o ator principal do espetáculo é o narrador, e em torno dele gira a transmissão. Ele adquire mais importância do que o próprio jogo e permite apenas poucas e pobres intervenções do comentarista. Há pouca avaliação técnica do árbitro e muita avaliação emocional, uma vez que o sensacionalismo é uma ferramenta constante e contribui para a espetacularização da notícia. As entrevistas do pós-jogo são repetitivas e não raro descambam para o besteirol. A jornada arrasta-se com repetições e mais repetições de lances e situações.

Muito cuidado com os bordões, principalmente aqueles que estão ultrapassados. Não existe nada mais desagradável numa transmissão esportiva do que aqueles velhos termos de 20, 30 anos atrás sendo usados em pleno século XXI. No passado, os narradores adoravam inventar uma forma cada vez mais exótica de descrever uma jogada decisiva, como um gol, uma cesta, uma cortada. Parecia mais um *show* que jornalismo.

A dinâmica é um elemento fundamental na transmissão, é o fio condutor do que acontece na reportagem esportiva, e ajuda a prender a atenção do ouvinte e do telespectador. Isso não quer dizer narrações com tal velocidade que não se entende o que está sendo dito. Isso não é estilo, é falta de bom-senso.

Cuidado com o uso indevido dos termos de futebol na narração de outros esportes. Em esportes como o handebol e o polo aquático, não dá para o narrador gritar "goooooooooool" 70 vezes em uma única partida, já que são comuns placares de 45 a 25, por exemplo.

Ter uma marca na narração esportiva não basta. É necessário que o profissional estude o que vai transmitir, para que não corra o risco de arranhar a sua imagem. É importantíssimo que o narrador tenha conhecimento específico do que está narrando, além de ter um conhecimento cultural genérico como falar outras línguas, viagens, cursos, informações adquiridas.

Pesquise sempre antes de narrar qualquer evento esportivo. Anote as antigas e possíveis escalações, perfil dos atletas, recordes, características físicas dos jogadores para não se confundir, e principalmente cheque a pronúncia dos nomes estrangeiros.

Tenha sempre informações adicionais do evento a ser narrado. Verifique a pauta do dia, os personagens da partida. E nunca, nunca chegue em cima da hora do início da transmissão. Pode ter congestionamento de trânsito, fechamento de acessos ou outros imprevistos que estragam a carreira. Mesmo nos locais familiares, é bom chegar bem antes, acomodar-se e rever as anotações que já foram estudadas no dia anterior. O narrador faz parte da equipe esportiva, ele não é uma estrela solitária!

 Cuidado com clichês. Muitos narradores jovens usam bordões caquéticos imitando as narrações de antigamente. Os tempos são outros, o esporte evoluiu e até palavras como zagueiro-central, quarto-zagueiro, pontas, não existem mais no futebol moderno. Os tempos são outros, o esporte evoluiu e até palavras como córner, *off-side*, pontas, meia-cancha, *over lap* não existem mais no futebol moderno. Imagine o guarda-valas...

 Não basta achar que sabe, ou se valer de uma marca pessoal achando que somente isso irá sustentar o interesse do torcedor na transmissão. O que vale mesmo é ter o que passar, e entender o que acontece no evento esportivo, para poder relatar da forma mais simples possível para quem está do outro lado.

 Nunca console um atleta derrotado durante a transmissão ou mesmo pessoalmente.

 Alguns narradores precisam perder o hábito de comemorar vitórias e tentar a todo custo justificar as derrotas de algum time ou seleção.

 A falta de informação pode gerar constrangimentos para o narrador. Na Olimpíada de Atenas, por exemplo, a sueca Carolina Kluft venceu a prova do heptatlo feminino, enrolou-se na bandeira de seu país e foi confraternizar com as adversárias. A TV geradora da transmissão foca, na plateia, um casal de meia-idade que a aplaude. Nenhum narrador sabia que se tratava dos reis da Suécia Carlos Gustavo e Sílvia.

 Não vale tudo pela emoção. Não existe nada pior do que falar para milhões de pessoas e escorregar na gramática. Por isso, fique atento ao bom português e não esqueça a concordância e o plural.

 O apresentador de um evento esportivo deve ter cautela com o excesso de palavras, mesmo no rádio. Cada mídia tem seu conteúdo ideal. O excesso pode provocar o risco de assumir a postura passiva e diluir a força da mensagem entre desculpas e justificativas.

Os apresentadores de rádio devem tomar cuidado com um velho jargão usado na abertura das transmissões esportivas: "O time tal posiciona-se *à direita do seu rádio*". Ora, os ouvintes estão atentos aos detalhes, e esses ranços devem ser extintos da linguagem jornalística esportiva. Corre-se o risco do ouvinte se perguntar: "Mas eu já procurei por toda a casa e quintal e não encontrei nenhum jogador, até porque meu rádio não tem lado direito, tem forma circular. Aliás, meu time sempre esteve no meu lado esquerdo do peito". O rádio esportivo precisa se modernizar em sua linguagem e os apresentadores têm grande parcela nessa mudança.

As gírias e outros recursos devem ser usados com moderação. O excesso pode motivar alguma simpatia no começo, mas logo cansa e cai na vulgaridade. É bom lembrar que as palavras de moda caem em desuso, e é preciso substituí-las, sob a pena de ser considerado um apresentador ultrapassado.

Ninguém está livre de cometer um erro de português ou de língua estrangeira. Por isso, o apresentador deve fazer cursos complementares sempre que for possível, uma vez que regras de esporte também mudam. Um cursinho de arbitragem também ajuda. De história do esporte vai ser útil durante a transmissão e pode até se tornar um diferencial. As leituras constantes são essenciais.

As apresentações despidas de folclore ou de *show* raramente provocam repetições de slogans, ou "frases-chavão" ou bordão. Há que se ter bom-senso na utilização desses recursos para não se cair no ridículo, ou se arvorar em dono desta ou daquela frase ou palavra. Pelo menos três radialistas reivindicaram o título da *Garotinho*.

Algumas transmissões são um festival de lugares-comuns. Em alguns casos até pode ficar engraçado, mas em geral são anacrônicos e devem ser eliminados. *Lenda viva, monumento do esporte, pai da jogada, íntimo da bola* e por aí vai. Há, claro, apelidos consagrados como o *Divino, Folha Seca, Cabecinha de Ouro, Diamante Negro* e outros.

Qualquer jornalista tem o direito de manter sua origem étnica ou cultural e ser respeitado pelo seu sotaque. É uma marca pessoal.

 Ninguém que participa do jornalismo esportivo tem de torcer para nenhuma equipe. A imparcialidade existe no esporte como em qualquer outro assunto jornalístico, contudo é preciso buscar a isenção. Por isso, não se torce para nenhuma seleção brasileira, seja lá o que for. A pátria não usa chuteiras, nem capacete, nem *jogging*, nem calção, nem *collant* [...]. É claro que há simpatia pelos atletas nacionais, mas isso não pode servir de pretexto para patriotismo chauvinista nem narrações exacerbadas.

 Os narradores têm maior visibilidade nas coberturas jornalísticas, mas nem por isso podem ser confundidos com artistas. Eles fazem jornalismo com ou sem o diploma. É preciso manter o ego sob controle, tanto para receber elogios e homenagens, como vaias e corais e slogans nos estádios.

 O apresentador da TV deve estar sempre atento ao que está sendo mostrado ao telespectador e o que se passa no campo, fora do foco das câmeras.

 Se houver problema na transmissão, deve-se informar o público, porém de uma forma que não se atribua aos técnicos da emissora a responsabilidade pela ocorrência. É melhor dizer "dificuldades de comunicação" do que "problema técnico".

 O apresentador deve ser tratado com dignidade no seu local de trabalho, dentro e fora dos estádios. Ele não deve aceitar ficar confinado em verdadeiros chiqueirinhos para trabalhar, como se lhe estivesse fazendo um favor. A empresa para qual trabalha é responsável pelo local onde vai ser instalado o estúdio de transmissão, seja de TV ou de rádio.

 É preciso tomar cuidado nas narrações via *off tube* porque a identificação dos atletas é mais difícil. Todos os clubes, por exemplo, têm mais de um uniforme e isso pode induzir ao erro. Familiarizar-se com a escalação ajuda muito. Cuidado com os nomes e os apelidos dos atletas. É necessário um treino antes da transmissão dos nomes. O nome é uma propriedade da pessoa e deve ser dito como ele acha que deve ser dito e não como nós achamos que deva ser pronunciado. Na dúvida, peça para um repórter ou checador ajudar. Para o meio impresso vale o mesmo. Quando o atacante Kaká ganhou os jornais pela primeira vez por uma bela atuação no seu primeiro clube, o São Paulo, seu nome apareceu grafado com "c" (Cacá). Logo o jogador pediu para que mudassem e os jornalistas passaram a escrever como ele solicitara.

O resultado da competição é a informação mais importante. Muitas pessoas ligam o rádio ou a TV apenas para saber o andamento da disputa e nada mais. Na televisão isso é suprido com o resultado na tela. No rádio é preciso repetir sempre.

O apresentador deve esperar o inesperado, como a morte de um atleta em plena disputa, ou uma grande chuva, ou ainda uma briga entre torcidas. Nesses momentos, deve se socorrer da reportagem, da produção e dos checadores para não dar notícias sem fundamento. Falar abobrinha, encher linguiça, praticar a conversa mole para boi dormir é perder credibilidade, é menosprezar o telespectador ou o ouvinte. Enrolar, jamais. Acabou-se a era dos poetas de microfone. Improvisar não é enrolar nem chutar, deixe isso para os atletas.

Bom humor só atrapalha em velório. Fora disso é um condimento necessário para as transmissões, desde que moderado. O editor-executivo deve alertar o apresentador se ele estiver se excedendo.

Ninguém precisa decorar tudo, por isso é bom sempre ter anotações, internet, Google e apoio da produção, plantão esportivo, para as dificuldades que surgem naturalmente.

O apresentador de TV deve olhar sempre para o monitor do ar, uma vez que é o que o telespectador está vendo em casa. Se notar outro acontecimento fora do quadro, deve chamar a atenção do diretor. Ninguém resiste em casa a ver uma coisa e ouvir outra.

Já se foi o tempo em que se abaixava o volume da TV para se ouvir a transmissão do rádio. Por isso, os apresentadores de um veículo têm de conquistar o público, cada um com seu estilo e jeito de ser.

VAMOS DE CANOAGEM!

Em 1996 transmiti a Olimpíada de Atlanta pelo canal SporTV; e como um canal a cabo especializado em esporte tínhamos a obrigação de mostrar tudo, ou pelo menos tentar. Eu estava transmitindo dos estúdios da emissora no Rio de Janeiro e as imagens dos Jogos chegavam para nós. Transmitir um jogo de futebol, vôlei, basquete ou qualquer outro esporte coletivo é relativamente simples, complica muito nos esportes de pista (atletismo, ciclismo...) e aquáticos (vela, canoagem...).

Nesse ano a internet já fazia parte da infraestrutura dos Jogos Olímpicos, mas nós estávamos sem conexão, ou seja, não tínhamos quase nada do que estava acontecendo em Atlanta.

No último dia dos Jogos, estava escalado pra fazer o período da tarde, o que era ótimo. Pegaria alguns bons eventos, inclusive a final do basquete feminino entre Brasil e Estados Unidos.

Eu estava cansado e com saudade da família – moro em São Paulo. Pedi, então, para mudar de período e fiz o da manhã. Sabia que não seria fácil, na grade estavam programadas a maratona e a final do hipismo. Mas eu vinha acompanhando as provas desde o início, conhecia os conjuntos, tinha informações e um bom comentarista ao meu lado.

Mas uma forte chuva adiou a prova que depois daria o bronze por equipes ao Brasil. O hipismo estava previsto para as 9 horas e a maratona as 11 horas, tínhamos um buraco na grade de 2 horas. Nos monitores que forneciam as imagens, estavam apenas com o logotipo, nada de evento ao vivo. Rápidos, os produtores resolveram tapar o buraco com um evento do dia anterior.

Eu já estava sozinho na Ilha 7, um pequeno estúdio de onde se faziam as transmissões, começando a fazer minhas anotações sobre maratona. E de repente o coordenador grita no fone: "Vamos de canoagem!".

Gelei! Eu tinha uma prévia do que seria gerado, mas quase todas as escalas eram alteradas sem aviso. No meio dos milhares de papéis que trazia achei o de canoagem com termos e explicações de C-2 slalom, C-1 slalom, K-1, K-2...

"Só você, assinante do SporTV, tem imagens de Atlanta para as finais da canoagem."

Nesse caso, o GC (gerador de caracteres) me ajudou muito. Tinha na tela informações sobre a modalidade, competidores, distância. Essas provas são disputadas em 500 ou 1.000 metros,

eu não sabia. A canoagem distribui 48 medalhas, são 16 especialidades – ou seja, 16 finais.
Tentava ser "dono da situação", mas não tinha ideia de quando terminaria a prova. De uma margem a outra são 50 metros. Após a última raia aparecia uma pequena placa, quase imperceptível marcando a metragem percorrida: 150, 200... "Momentos decisivos da prova, Alemanha na primeira posição, técnica, força... vai chegar na frente a Alemanha... cruza na primeira posição a Alemanha."
E nada de terminar! "[...] Cruza na primeira posição a Alemanha nos primeiros 250 metros [...], Itália se aproxima em segundo e a Austrália vem firme na terceira posição."
Depois da primeira final percebi que não seria tão complicado, mas fiquei com uma certeza: foi muito mais emocionante para mim do que para quem estava assistindo.

Deva Pascovitch
Narrador da Rádio CBN

Âncora

"Não dê dinheiro a jornalista que quer notícia, e não dê notícia a jornalista que quer dinheiro."
Antonio Carlos Magalhães

As transmissões esportivas cativam milhões de pessoas em todo o país, e a televisão, o rádio e, mais recentemente, a internet são responsáveis por essa audiência extraordinária. O que o torcedor quer saber no momento em que liga a televisão, o rádio ou o computador é o resultado do jogo naquele instante, qual o tempo de partida, os autores dos gols e algum eventual acontecimento extraordinário. A TV atende a essa demanda com um pequeno quadro que informa os times, resultados e se a partida está no primeiro ou no segundo tempo. No rádio, o narrador-locutor informa constantemente, e na internet os dados são fixos e se alteram de acordo com o que passa em campo.

O apresentador de programa esportivo contemporâneo, seja de que conteúdo for, tem uma postura jornalística e trata os eventos com os mesmos critérios que outros jornalistas cuidam de política, economia, artes e espetáculos etc.

Há hoje um debate sobre diferentes fórmulas de transmissão esportiva diante de novas exigências do público e de cada vez mais recursos à disposição de quem trabalha e de quem acompanha o evento. Uma partida de futebol pode ser mostrada por grande quantidade de câmeras, uma competição de natação com câmara subaquática; em uma prova de golfe é possível acompanhar a tacada, a trajetória da bola e o momento em que ela se aproxima ou cai no buraco. A TV digital vai trazer novos elementos e isso vai encantar ainda mais o telespectador. Mas se a imagem quase fala por si, qual a importância de um jornalista em um momento desses?

Muito grande, desde que os jornalistas esportivos entendam as mudanças e não fiquem agarrados em métodos antigos, que deram certo no passado, mas não mais inebriam os torcedores. É mudar ou perecer. No entanto, por falta de um debate mais amplo entre jornalistas, estudantes e dirigentes de veículos de comunicação, o modelo arcaico permanece atrelado a um saudosismo *demodé* e é reproduzido por jornalistas jovens que se inspiram em modelos antigos.

É preciso inovar sempre nas transmissões esportivas eletrônicas, e para isso sugerimos a troca do locutor pelo âncora esportivo. É o rompimento com o velho modelo ainda largamente usado, uma busca contínua de novas linguagen, tecnologias, enfoques, e acumulação contínua de credibilidade. É a acomodação do bom humor com a fidelidade das notícias e a perpetuação do conceito ético no esporte. Em vez de alguém que apenas narra o que vê, ele se transforma em um participante ativo de todas as etapas do processo de uma transmissão esportiva, desde a elaboração da pauta até o balanço final da transmissão. Obviamente é uma sugestão polêmica e temos muitos argumentos.

O âncora na transmissão esportiva é o condutor da reportagem que tem a finalidade de levar ao telespectador/ouvinte um evento esportivo. Ele é o responsável pela maioria das intervenções e a cara da reportagem. É o repórter principal do evento, e é ele que movimenta e dá ritmo à reportagem/transmissão.

Na estrutura atual, as transmissões estão eivadas de jogos irrelevantes, ausência de informações relevantes, jornadas esportivas intermináveis, notadamente para cobrir buracos da programação, festival de jargões e clichês e ausência de edição no noticiário. Prevalece o sistema "o que cair na rede é peixe".

As transmissões apoiadas apenas no improviso da equipe não são capazes de captar as notícias mais importantes do evento; faltam reportagens especiais, os repórteres pegam caronas em entrevistas coletivas e telespectadores e ouvintes não conseguem entender o assunto, os comentários são mediúnicos e as entrevistas entediantes. No rádio há a presença constante de anacrônico plantão esportivo.

As jornadas não planejadas nem pautadas ignoram o público-alvo. Há resistência a adoção de novas tecnologias, abraços e recados pessoais são constantes e não é raro haver invasão da privacidade dos atletas. No rádio ainda há o velho modelo da narrativa apoiada apenas na bola rolando e com muito pouca informação. Esse modelo é aquele que dá espaço para os "poetas" dos microfones e câmeras.

A busca da audiência a qualquer custo é o caminho mais curto para o sensacionalismo. O público não tem uma prestação de serviços para que possa chegar e sair do estádio com tranquilidade. Faltam informações do tempo de jogo, do trânsito, da meteorologia, vendas de ingressos etc. As reportagens investigativas são confundidas com bisbilhotagem ou o uso de câmeras e microfones escondidos, uma prática eticamente condenável em qualquer ação jornalística.

Os textos-foguete de conteúdo comercial são repetidos pelo narrador, que pode ser o próprio agenciador da publicidade e por isso dá muitas vezes mais do que está programado pela emissora, e há uma enxurrada de resultados de jogos em todo o mundo, ou muitas vezes de categorias inferiores, absolutamente irrelevantes para quem acompanha determinada competição. Os repórteres pontuam com participações com uma oitava acima, muito próximo a um grito. Isso é outro anacronismo, de se considerar que isso faz a transmissão manter um clima de "pra cima".

O novo modelo proposto é o de romper os paradigmas da "bola rolando", mas para isso é necessária uma infraestrutura econômica para manter uma equipe própria e não terceirizada, um número limitado de transmissões, separação nítida entre o que é publicidade e o que é editorial.

O público-alvo precisa ser conhecido através de pesquisa qualitativa e quantitativa para que se calibre a linguagem. Somente os jogos relevantes devem ser transmitidos de acordo com o interesse do público.

É preciso fazer uma avaliação correta das outras mídias que também cobrem os mesmos eventos e disso resultar um planejamento adequado, com a organização e avaliação qualitativa dos jornalistas e uma íntima coordenação com as outras áreas do jornalismo para que haja uma interação de interesse do público.

As reportagens na transmissão com o âncora são pautadas, discutidas e põem fim ao sujeito indeterminado, como "fizeram, disseram, comentaram" etc. Ou seja, o critério de notícia é o mesmo de qualquer outra área do jornalismo. O limite da especulação é o bom-senso.

As regras para as reportagens exibidas durante a transmissão são as mesmas de outras áreas, onde prepondera o equilíbrio, o máximo de neutralidade e a busca constante da isenção. O questionamento crítico deve ser uma constante, assim como a prática da dúvida. A manifestação do público, principalmente por e-mail, deve ser considerada como um indício para o acerto e para o erro.

Nas transmissões pautadas e lideradas pelo âncora, não se faz o julgamento apressado do todo pela parte e há transparência dos recursos usados na transmissão. Assim o âncora deve deixar claro se não estiver no estádio. Nos campeonatos mundiais é comum que as transmissões do áudio valham para TV e para o rádio, e sejam feitas de um centro de divulgação (*off tube*). O público tem o direito de saber. Transparência não derruba audiência e ajuda a construir a credibilidade.

Uma das missões do âncora é deixar claro o que é informativo, interpretativo e opinativo. A interatividade com o público deve ser constante, tanto por meio dos repórteres no estádio, que não estarão mais postados atrás do gol, como pela internet, ferramenta fundamental para qualquer estúdio de transmissão.

A descontração, o bom humor, o sorriso não afrontam a credibilidade nem a seriedade do trabalho. É preciso ser isento, ético, exato, mas não carrancudo. O esporte é um divertimento para grande parte da população e, portanto, não pode ser tratado com cara feia, gritos, mau humor, nem aquele tom do comentarista que tudo está sempre errado, mesmo quando a equipe favorita vence a partida. Não se deve fazer tipo, como em muitos programas de debates esportivos, em que um é "bonzinho, o outro é "malvado", o outro é o "*clown*", outro torce para determinada equipe, enfim, um *show* de entretenimento que nada tem de jornalismo. Na transmissão jornalística o espetáculo é a partida e os atores são os que estão diretamente envolvidos no espetáculo.

O âncora participa de todas as etapas da transmissão, desde a reunião de pauta até a avaliação final. É ele que comanda a equipe dentro e fora do ar, e por isso é que mais trabalha e divide os erros e acertos com todos. Busca a objetividade e a relevância dos fatos e suas interpretações. Ele também é um estudioso do esporte.

É importante que a equipe se envolva com a cultura do esporte, desenvolva pesquisa, bibliografia, arquivo na internet e tenha amplo domínio das tabelas, próximos jogos, datas, classificação, retrospecto de atletas e clubes; enfim, não precisa saber muito, mas precisa saber onde encontrar material para construir a transmissão.

O âncora tem de se preparar para fazer entrevistas gravadas e ao vivo, informar e interpretar os acontecimentos, além de fazer pé complementando os dados que faltam. É neutro e alegre, mas não torce, ainda que não esconda sua preferência do público. Não faz mistério disso e o telespectador/ouvinte tem o direito de saber.

A liderança do processo da transmissão é do âncora, que difunde a cultura ligada ao esporte. Narra os fatos em tom coloquial e não declaratório ou impositivo. Abandona o *magister dixit* (expressão latina que significa que uma vez que o mestre fala ninguém contra-argumenta), reconhece publicamente quando errou e assume todos os enganos que qualquer um tenha cometido na transmissão.

Nenhum jornalista, especialmente o âncora, tem a obrigação de agradar os cartolas ou os torcedores. Ele deve manter sempre uma postura crítica e cética como qualquer outro jornalista, além de conhecer bem as regras do esporte, ter boas noções da conduta jornalística e ler livros sobre esporte. E também revistas, jornais, ver jogos, ouvir noticiário e participar sempre que possível de mesas-redondas, dar palestras, fazer debates, enfim, o mundo esportivo é tão grande que é necessário mergulhar de corpo e alma. Sem uma massa de cultura esportiva não se consegue ser um bom jornalista esportivo.

 Todos os apresentadores de programas, sejam esportivos ou não, precisam ficar atentos constantemente. Os de eventos esportivos muito mais, pela própria natureza do esporte que comporta a imprevisibilidade.

 Texto-foguete, pequeno comercial de dez segundos lido durante a transmissão, nem pensar. Não é função do apresentador nem de ninguém da equipe. Isso é atribuição do locutor comercial. Não se mistura jornalismo com publicidade, um depende do outro, mas um não avança no campo do outro. O máximo que o apresentador faz é "dar a deixa" para a técnica.

Comentarista

"A virtude se mantém no justo meio-termo
entre dois extremos inadequados,
um por excesso, o outro por falta."
Aristóteles, *Retórica das paixões*

O comentarista tem a função nobre de explicar e permitir ao torcedor que acompanhe o jogo de forma diferenciada. Entre tantas funções importantes, cabe a ele analisar o que aconteceu, o que pode acontecer e antever o que aconteceria numa partida. Analisar com consistência, por exemplo, quando um treinador muda a forma de um time jogar ou quando coloca em campo ou na quadra um determinado jogador. Ver realmente a partida, explicar ao torcedor o que está acontecendo e tentar prever, com a mesma simplicidade, o que ainda vai acontecer.

Não é uma função fácil. Não adianta falar o óbvio, ou seja, esperar as coisas aparecerem para dar sua versão e sua análise. É preciso antever. E para isso o comentarista precisa ter conhecimento do assunto, experiência e a vivência no esporte. Mais do que qualquer membro da equipe, o comentarista precisa ter conhecimento profundo das regras do esporte sobre o qual fala ou escreve. Não é desdouro para ninguém levar para o local do jogo um manual com as regras definidas e claras do esporte que está sendo disputado.

Fique atento. Não se aprende as regras do esporte com a partida em andamento. Elas devem ser objetos de estudo, consultas, reflexão e sempre que possível aprimoramento através de cursos. O torcedor espera que o comentarista conheça com profundidade e qualquer deslize sobre isso é uma ameaça a sua credibilidade. Por falar em credibilidade, nada de se envolver em disputas emocionais, sem conteúdo, que, ao invés de enriquecer a transmissão, empobrece.

E se cometer algum engano apesar do estudo e do domínio do assunto, o comentarista deve reconhecer no ar seu erro. Ao fazê-lo ele ganha credibilidade do público. É diferente de bate-boca com outro companheiro, ou árbitro, ou dirigente esportivo sobre determinada regra. Uma discussão não leva a nada. É preferível esperar que outras fontes comentem o regulamento do esporte ou da competição para depois se pronunciar. Em caso de dúvida, consulte os manuais ou tenha anotado as páginas na internet que possam dirimi-las. Uma vez encontradas elas devem ser explicadas para o público e as fontes enunciadas.

O óbvio não precisa ser comentado.

Não espere as coisas acontecerem para dar sua versão e sua análise. Essa forma de comentar até é válida, desde que não se faça só isso. O espectador merece mais.

Antever não é adivinhar. Vale para toda a equipe. Afirmar "o time vai ganhar" ou "o time vai perder" é perigoso e o comentarista pode queimar a língua e ter sua credibilidade chamuscada. Se o esporte fosse previsível não teria o interesse que tem. Times e esportistas favoritos já perderam partidas decisivas. Isso não quer dizer que não se possa apontar favoritos apoiado em fatos, retrospecto de campanhas, novos atletas, viagens, ausência de atletas, enfim, justificativas palpáveis e lógicas.

 O que se espera, além de uma participação constante, é que o comentarista divida a reportagem com o apresentador, repórteres e outros envolvidos. E, da mesma forma, partilhe os méritos e os erros cometidos no programa. O comentarista deve participar de todo o processo de produção da notícia como qualquer jornalista. Como o narrador, ele não é um deus que chega alguns instantes antes do jogo começar e vai embora alguns segundos depois de encerrado. Ele participa da pauta, planejamento, apuração de notícias, entrevista, enfim colabora no que for possível, uma vez que também esse trabalho é feito em equipe.

 Ser simples e didático conquista muito mais o coração do torcedor do que ser contundente em demasia ou mostrar-se indignado com o andamento da peleja. Neste caso corre-se o risco de virar personagem de uma ópera bufa. Outras ocasiões proporcionam condições para se exercitar a propriedade da verdade. Os "donos da verdade" demonstram todo o seu saber e conhecimento de forma arrogante, um dos melhores recursos para derrubar a audiência de qualquer veículo.

 Já falamos antes, mas vamos repetir: nenhum jornalista pode se dar ao luxo de dispensar cursos e se atualizar. Vale para todo mundo, mas o comentarista deve ser mais exigido do que outros membros da equipe. Por isso é bom fazer cursos de línguas portuguesa e estrangeira, história dos esportes e, para alguns profissionais, *workshops* de humildade não cairiam nada mal.

 A participação ideal é aquela que é capaz de agradar os aficionados e não chatear os que não são conhecedores do assunto. É uma arte que se desenvolve com muito trabalho, treino e humildade para ouvir as críticas e centrar o foco das participações.

 É preciso ficar atento com o julgamento emocional, cheio de preconceitos. Ele distorce a realidade e antecipa críticas.

A ânsia de destacar-se durante uma transmissão provoca, algumas vezes, comentários mediúnicos e esotéricos, que nem mesmo os iniciados são capazes de compreender.

O comentário não deve ser discursivo. Ninguém está à beira do túmulo de César, mesmo em uma final eletrizante e cheia de emoções. Discursos ficam bem em palanques políticos e em bancas de trabalhos acadêmicos. O uso desses métodos ajuda muito o telespectador ou ouvinte a mudar de emissora.

As interpretações são mais intrigantes e reconhecidas que as opiniões, principalmente se estas seguem o jargão do *magister dixit*. Ele falou, todos se calam per *omnia seculo seculorum* (por todos os séculos). A opinião é bem-vinda, quando bem dosada e dá margem para que outros pensem diferente, inclusive os telespectadores e ouvintes. Quando se opina desbragadamente o risco de queimar a língua é muito maior.

Um excelente atalho para derrubar a credibilidade é o "achismo", a falta de embasamento técnico no comentário. Ele corre risco toda vez que "acha" alguma coisa, pois termina a partida e nada foi "encontrado". Alguns nem sequer admitem que erraram, deixam o dito pelo não dito, em total desrespeito ao público. No curto prazo pode até não ser sentido, mas no médio e longo prazos, o dano à credibilidade é inevitável.

O Bozo, o Ronald McDonald ou a Vovó Mafalda não comentam esportes. Cremos que seria hilariante ver esses personagens, ou o Arrelia, o Carequinha ou mesmo o Piolim dando suas impressões de uma partida. Contudo comentarista não é *clown*. É um desrespeito ao telespectador a repetição de determinado lance à exaustão e o "comentarista" não aceitar a evidência, apenas para fazer tipo ou discordar para fazer polêmica. A polêmica acende o debate, mas quando é sincera e provida de lógica e conteúdo. Não quando serve de espetáculo para alguns programas esportivos na TV e no rádio. O Show de Rádio era muito melhor.

O comentarista tem de ter uma noção do público-alvo, como qualquer outro jornalista esportivo. Deve saber com clareza para quem está falando, para poder calibrar o nível técnico e o vocabulário que vai usar. Em um veículo aberto precisa ser mais didático, dinâmico e sintético. Nos veículos segmentados pode aprofundar-se mais e deter-se em aspectos técnicos.

Sem essa noção, é grande a possibilidade de confundir telespectadores e ouvintes.

 Errar todo mundo erra. Esporadicamente não compromete ninguém. A torcida gosta de ver e ouvir o comentarista reconhecendo que errou. Todo jornalista tem de reconhecer o erro em nome da ética. Todavia, no caso do esporte esse reconhecimento tem um sabor especial por estar recheado da emoção. Humildade e compreensão das emoções ajudam a reconquistar a simpatia e a credibilidade com o público.

 Criticar não quer dizer necessariamente destruir alguém ou uma equipe. É preciso acabar com a postura de eterno descontente, indignado com a conduta dos atletas, das decisões dos técnicos, ou demonstrações de mau humor até mesmo quando o time está ganhando. Fica bem no personagem shakesperiano Falstaff, mas não em um jornalista esportivo.

Torcedor torce. Comentarista comenta. Porém, os torcedores gostam de saber para quem o jornalista torce. Principalmente o comentarista. Havia uma postura antiga que ninguém declarava jamais para quem torcia, ainda que demonstrasse isso em suas reportagens e alguns até trabalhavam em assessorias de imprensa de clubes. O pioneiro nessa busca pela transparência foi o comentarista Juca Kfouri. Ele teve a coragem e a honradez de não esconder de ninguém que é corintiano. Aliás, essa postura deve ser cobrada de todos os jornalistas, independentemente da sua área de atuação. Com a transparência, o público pode ficar mais atento e cobrar isenção. Ainda há um tabu quando se trata de política. Obviamente não se confunde transparência com o engajamento em campanhas eleitorais ou favorecimento de quem quer que seja.

ESTÁ FECHADO PORQUE HOJE JOGA O REI DO FUTEBOL

Em 1969, eu estava na África, região do Congo Kinshasa com o Santos Futebol Clube, época de Pelé. Saí com um colega do *Jornal do Brasil* para passar telegramas. Quando chegamos na porta do telégrafo estava lá escrito: *"Il est fermé*

parce que Pelé le roi du football joue aujourd'hui" (Está fechado porque Pelé, o rei do futebol, joga hoje.) Realmente, tudo estava fechado, praticamente feriado nacional. Tocamos a campainha e ouvimos:
— Il est fermé! (Está fechado)
E nós falamos:
— Nous sommes de la délégation du club du football de Santos (Nós somos da delegação do Santos Futebol Clube)
— Ah! Oui, oui.
Estávamos apenas nós dois e passamos nossos telegramas com as notícias para o Brasil. Ou seja, não podemos nos curvar diante do primeiro impedimento da profissão.

Orlando Duarte
Jornalista e historiador especializado em futebol

Chefe ou líder de esporte

"Marcar mil gols, como Pelé, não é difícil.
Marcar um gol como Pelé, é."
Carlos Drummond de Andrade

As empresas de comunicação geralmente admitem o cargo de gerente ou diretor de esportes, comumente chamada de chefia de esporte. O gestor participa da direção da empresa e é um canal entre a direção e a redação de esportes. Ele é o articulador entre áreas afins para seu departamento, como a técnica, comercial, marketing, recursos humanos, informática, programação e outros núcleos da empresa. Para ocupar esse cargo, cobiçado por muita gente por causa do salário maior ou do poder que a posição geralmente dá, é preciso ter preparo. Além do conhecimento jornalístico, o chefe deve entender de gestão e acompanhar os indicadores econômicos da empresa. Para quem se habilitar ao posto é bom saber que se trabalha mais do que o pessoal da planície, ou seja, os que não ostentam títulos na redação.

O responsável pelo departamento de esportes geralmente tem o cargo de gerente ou diretor e se reporta à diretoria de programação, jornalismo ou é uma unidade autônoma na empresa. Ele cuida do conteúdo dos programas esportivos e dos meios para que o departamento possa funcionar.

Participa das reuniões de gestão e compartilha os índices de audiência da emissora. Tem clareza do público-alvo que a programação jornalística quer atingir e sabe que muitos meios eletrônicos sofreram segmentação e falam apenas para um determinado segmento da população. Tudo é calibrado com base na identificação do público-alvo preferencial, desde a escolha das competições que vão ser cobertas até a linguagem mais adequada para o segmento. O processo de liderança da equipe exige algumas atitudes e a primeira delas é a transparência de gestão, o que democratiza as decisões e desencoraja a formação de "panelinhas" na redação.

Do líder da equipe é desejável:

 Entender que a liderança é um processo de influência positiva em que o líder usa a combinação adequada de comportamento diretivo e comportamento de apoio. Em outras palavras, o líder da equipe atua para apoiar o grupo e se envolver em questões mais difíceis. Planeja reuniões periódicas para afinar a equipe e fazer uma avaliação crítica do trabalho.

 É comum os consultores de gestão de empresas dizerem que a época do "manda quem pode, obedece quem tem razão" já acabou. Não é bem assim. Nas empresas brasileiras de uma forma geral, e também nas de comunicação, o chefe ainda se sobrepõe ao líder, a organização é puramente a taylorista e tudo vem de cima para baixo. A arraia-miúda limita-se a obedecer. O chefe manda que façam o melhor possível e se reserva o direito de punir ou recompensar quem achar que merece. *O papel do líder, porém, é muito mais o de mentor, guia e orientador*

do que o de chefe. É verdade que há momentos em que um se mistura com o outro, mas é visível quem é mais líder do que chefe. O líder encanta a galera, chama todo mundo para a luta, vai na frente, vence e reparte a vitória com todos. O líder é o mandachuva dos tempos modernos, o chefe é o absolutista de direito de origem divina.

Há um ditado popular que diz que para se conhecer bem uma pessoa basta dar o chicote nas mãos dela. Entre os jornalistas esportivos há inúmeros exemplos disso, ainda que poucos admitam. *A liderança eficaz consiste em fornecer aos colaboradores o que eles ainda não conseguem suprir sozinhos.* Um bom diretor de esportes é membro atuante da equipe, ouve muito mais do que fala e busca soluções para os problemas que surgem. Está em contínuo processo de aprendizagem e não fica se gabando de "há 30 anos eu faço assim, por que vou mudar?" O líder estuda e aprende e reparte o que aprendeu com a equipe.

A equipe do chefe funciona sob seu olhar. Só assim o gado engorda. É só virar as costas, a qualidade cai e nem tudo é realizado a contento. *O objetivo das ações do líder é criar condições para que as pessoas se tornem cada vez mais autodirigidas e automotivadas.* Quanto mais autonomia, confiança, responsabilidade a equipe ganhe, melhor a qualidade do jornalismo esportivo apresentado. O chefe poda iniciativas, o líder estimula. É quase um transgressor da ordem vigente.

As novas iniciativas nem sempre são bem-vindas porque perturbam os acomodados, quem não quer se tornar líder e insiste em manter-se chefe. No jornalismo o conforto está na mudança e não no imobilismo. O temor dos burocratas de redação é que quando muda o paradigma, tudo volta à estaca zero.

Os líderes devem repartir com todos o conhecimento e avaliar o que não sabe, o que sabe mas não faz, o que não foi preparado para fazer, o que sabe de forma errada e o que nem sabe o que vai acontecer. Esse enigma é resolvido com debates e compartilhamentos com todos da redação. A equipe tem de ser estimulada a entender que ninguém é assim ou assado, mas está assim, que é possível melhorar sempre. O jornalismo de qualidade é o jornalismo ético.

O líder do jornalismo esportivo é identificado pela sua competência e, ao mesmo tempo, admiração, credibilidade e respeito que passa aos companheiros de trabalho. Permite que as pessoas cresçam porque tem coragem, determinação, autoridade, visão, ambição de melhorar o grupo e orgulha-se de liderar e ser liderado ao mesmo tempo.

 O líder contemporâneo não é o chefe bonzinho, mas também está longe de ser o "príncipe" do século XVI descrito por Maquiavel. Basta ser justo e saber dizer não quando necessário. Ele não se apoia no conselho do genial filósofo que dizia que o príncipe deveria procurar ser ao mesmo tempo amado e temido. E se tivesse que optar deveria ser temido.

 O líder é um transgressor de regras e seus liderados o seguem. E isso no jornalismo é bem-vindo. Essas atitudes estimulam camaradagem, trabalho em equipe, adaptabilidade, convivência alegre e ambiente fraterno, sem as famosas puxadas de tapete de redação que ocorrem apesar dos pisos lisos de hoje. Do outro lado está a panelinha, "os amigos do chefe", a informalidade, o paternalismo, o jeitinho, a comodidade, a ausência de criatividade e a malandragem tão cultuada em outras épocas. Os líderes são capazes de capturar o coração das pessoas, porque têm coerência entre o discurso e a prática. É o chefe de portas abertas com cadeiras para qualquer jornalista entrar e dizer o que pensa dele e do trabalho.

 O líder tem de deixar claro à sua equipe que há um grupo de pessoas no mercado em busca de oportunidades e que são experientes. Por isso é preciso adquirir constantemente novas competências próprias do jornalismo. A autoavaliação dá uma boa mão no manual de sobrevivência e a criação do espelho de si mesmo é recomendável. É preciso um esforço contínuo de adaptação às novas situações e não são dependentes de motivação externa.

 Os jornalistas precisam entender que a carreira acabou. Hoje a sobrevivência é a mesma do malabarista, ou seja, em qualquer ponto do percurso que fraquejar, cai. Para os carreiristas vale lembrar que só o impermanente é permanente. Hoje deve-se entender como carreira apenas a mobilidade profissional do jornalista, nada mais.

Plantão esportivo

"O conhecimento do Brasil passa pelo futebol."
José Lins do Rego

O rápido desenvolvimento das comunicações também invadiu a área do jornalismo esportivo e fez com que algumas práticas ficassem anacrônicas. Uma delas é o chamado plantão esportivo, uma herança do velho rádio, que não contaminou a televisão. É um fenômeno típico do rádio e chegou mesmo a ser uma marca registrada de algumas emissoras pelo país. Foi idealizado como uma atração a mais para seus ouvintes em 1948. Geralmente é apresentado após uma vinheta, ou um sinal sonoro, ou ainda com um rápido e sorumbático "gol", e imediatamente é chamado pelo locutor esportivo.

Antigamente, o sujeito que gostava de esportes e tinha uma bela voz (quanto mais potente e grave melhor), poderia ser plantão de uma rádio esportiva.

No passado as informações esportivas eram conseguidas na salas do plantão, através de uma equipe de radioescutas que coletava as informações pelas ondas curtas de poderosíssimos rádios de válvulas de alcance transglobal, hoje verdadeiras peças de museu. Era de lá que vinham também as informações suplementares como número de jogos, vitórias, derrotas, gols ou pontos do campeonato etc. As emissoras contavam com colaboradores de outras cidades, que passavam o resultado de partidas.

Geralmente essas jornadas encerravam-se com um programa apresentado pelo titular do plantão. Era um apêndice da tradicional jornada esportiva, assim dividida para gerar ponto de venda de publicidade. Era uma exigência do departamento comercial e coletava-se tudo o que fosse possível para se apresentar. A informação era divulgada nos mínimos detalhes depois de percorrer os resultados de todos os campeonatos brasileiros, do mais importante ao nem tanto, era a vez dos resultados dos campeonatos europeus. O volume de informação era de tal ordem que se tornava apenas um ruído e não se conseguia lembrar de nada.

Os plantões esportivos cresceram tanto e especializaram-se a ponto de também fazer parte da equipe titular de esportes. Assim como o principal locutor, comentarista e repórter eram escalados para os jogos e eventos esportivos mais importantes, o mesmo acontecia com o plantão. Havia o titular, para esses momentos, e dois ou três que participavam de jornadas secundárias.

O plantão esportivo foi superado pela quantidade de informações que está disponível para todos os que participam da transmissão, seja o apresentador, comentarista, ou mesmo os repórteres. Alguns sites mostram a evolução do placar de outros jogos e campeonatos online e, portanto, basta um monitor para que alguém leia na tela o que se passa no mundo das competições. Com a chegada da internet e a convergência das mídias em que temos informações online até pelo celular, *laptops* e *palms*, fica inviável para o plantão ainda continuar com participações para avisar resultados.

O problema é que o papel do plantonista, anacrônico, não foi extinto. Ele teria, no mínimo, de sofrer grande modernização. E, assim, deve sempre responder com precisão a questões levantadas pela equipe esportiva como quem é o artilheiro do torneio, o líder em arrecadação, saldo de gols, situação de todos os participantes etc. Outra função é esmiuçar regulamentos, simplificar fórmulas de disputa cada vez mais complicadas, ser um verdadeiro arquivo esportivo que pode ser acionado a qualquer momento por repórteres, comentaristas e ouvintes. E tudo isso num curto espaço de tempo para não cansar o ouvinte com resultados intermináveis e notícias irrelevantes.

NOTÍCIA NÃO ESPERA NEM O JANTAR

Era o ano de 1999. Trabalhava no diário *Lance!* como editor-assistente e naquele mês de maio passávamos por um momento de expectativa, diante do grave estado de saúde do ex-recordista mundial do salto triplo João Carlos de Oliveira, o João do Pulo. As notícias a cada dia mostravam o agravamento do quadro e tudo infelizmente levava a crer que sua morte estava próxima. Como era de se esperar num caso desses, montamos um verdadeiro esquema de guerra para não sermos surpreendidos com a notícia que todos temiam ouvir. Assim, preparamos várias matérias especiais, falando de sua carreira brilhante e das duas medalhas de bronze olímpicas conquistadas.

Além disso, montamos um esquema especial de plantão com os repórteres que cobriam o poliesportivo (como chamávamos no *Lance!* todas as modalidades que fazem parte do programa olímpico e mais o automobilismo), de forma que a cada dia um deles estivesse de prontidão para cobrir o caso. Não podíamos admitir que um dos heróis do esporte brasileiro morresse e um repórter do *Lance!* não estivesse lá para contar todo o drama. Só que a agonia de João do Pulo durou 31 dias. E no fim de cada dia, com João do Pulo resistindo bravamente, não sabíamos se ficávamos aliviados pela resistência de João ou agoniados por não saber até quando aquilo duraria.

Foi com esse mesmo sentimento dúbio que terminamos o nosso plantão daquele 29 de maio de 1999. Um dia antes, João completara 45 anos na UTI do Hospital da Beneficência Portuguesa e dava a impressão de que conseguiria resistir por mais algum tempo. Fechada a edição, voltei para casa, onde minha mulher, grávida da minha primeira filha, me aguardava com uma missão: levá-la para comer um sushi em um restaurante japonês. E como pedido de grávida é uma ordem, foi o que eu fiz.

Eu só não contava em receber, meia hora depois, uma chamada no celular do meu editor, André Fontenelle, com a sinistra notícia: João do Pulo acabara de morrer. Quase engasgando com um sashimi, perguntei se havia tempo de terminar o jantar. Ele disse que sim, mas mesmo assim eu preferi pedir a conta, fazer um embrulho para viagem e enquanto a minha mulher ficou em casa saboreando seu sushi, eu retornei à redação do *Lance!*, onde toda a equipe de plantão naquele fim de semana, mobilizada na mesma hora, já estava de volta e pudemos fazer todas as trocas necessárias e tornar a edição de 30 de maio histórica. Infelizmente, graças a uma notícia tão triste.

Marcelo Laguna
Editor do *Diário de São Paulo*

Assessor de imprensa

"Quem te engana no jogo, enganar-te-á em qualquer parte."
Thomas Fuller

O assessor de imprensa faz a ponte entre o jornalista e seu assessorado, seja uma equipe ou um atleta. Vamos começar com o trabalho do assessor de um clube. Ele precisa conhecer muito bem o dia a dia do time que o contratou e manter um contato diário com o diretor do clube para que nenhum fato passe despercebido.

Tudo o que for de interesse do público, do torcedor, será de interesse também da imprensa. Portanto, o assessor deve encaminhar às redações essas informações. Em início de campeonato, ele envia a todos os veículos de seu *mailing* a história do clube no campeonato, ficha completa de todos os jogadores, novos contratados, nome e cargos dos dirigentes do clube, nome e cargo dos integrantes da comissão técnica e também seus telefones de contato. Esse profissional deve manter um arquivo com dados históricos do clube, estatísticas dos jogos do time, participação em campeonatos, históricos dos atletas e cadastro dos veículos de comunicação.

O anúncio de grandes acontecimentos da agremiação, como a apresentação de um novo jogador, deverá ser feito em uma coletiva de imprensa organizada pelo assessor. Para esses eventos, o assessor prepara *press releases* aos jornalistas, contendo as informações necessárias. Pode parecer óbvio, mas é muito importante que o local tenha o tamanho adequado para que os profissionais de comunicação possam trabalhar sem aglomeração, evitando tumultos.

Atualmente em alguns clubes os assessores de imprensa têm tanto ou mais poder que alguns membros da diretoria. Mas infelizmente alguns profissionais não sabem como lidar com esse poder e acabam fazendo imensas lambanças. Dignidade, educação e competência são palavras fundamentais para esse profissional da comunicação.

Por que alguns assessores de grandes clubes de futebol adotam posturas tão agressivas e pouco profissionais em relação aos colegas de imprensa? Esses profissionais esquecem que são tão jornalistas quanto àqueles de outros veículos que estão ali no cotidiano do clube. E, ao invés de facilitar o trabalho dos colegas, atrapalham. Alguns maus assessores "protegem" tanto seu clube da imprensa que acabam até amontoando os repórteres em uma área afastada do campo em que o time treina. Os repórteres que lá estão precisam trabalhar.

Além disso, hoje em dia, há assessores que limitam o trabalho dos repórteres. Listam uma série de ações que não podem ser tomadas, como falar com funcionários do clube, entrevistar jogadores fora de uma área estipulada etc. E onde ficam as fontes da reportagem?

Lembremos que assessorar jogador não quer dizer bajular. Quando o assessor é de algum jogador de seleção e "estrangeiro", que more fora do país, o caso acaba se complicando. Somente admitem que esses jogadores falem com a imprensa através do seu aval e chegam ao cúmulo de pedir que passem as perguntas por e-mail ou fax para que o jogador as responda. Isso evita que o veículo descubra o telefone de contato direto com o jogador.

Sem dúvida é delicada a relação do repórter com o assessor de imprensa. Vejamos, agora, a rotina de um bom assessor.

 Manter atualizada a estatística dos jogadores, estatística do time nos campeonatos como resultados, vitórias, gols marcados, gols sofridos, renda, cartões etc.

Não privilegiar nenhum veículo de comunicação e manter sempre atualizado o *mailing* de imprensa.

Listar os jogadores contundidos e os respectivos tipos de lesão.

 Organizar e coordenar dias e horários para entrevista especiais com jogadores.

 Manter organizada a sala de imprensa do clube e procurar atender às solicitações dos profissionais. A sala de imprensa precisa estar devidamente equipada para que os repórteres tenham condições de transmitir informações a seus respectivos veículos.

Informar à imprensa mudança de horário de treinos e jogos.

 Facilitar o trabalho de jornalistas que vão diariamente aos clubes.

Jornalista! Não ator

"O show precisa continuar, mas o jornalista não é nem artista nem ilusionista, precisa é se preocupar em jogar luz sobre os fatos, por mais que a cobertura esportiva seja contaminada, necessariamente, pela emoção que desperta."
Juca Kfouri

Todos sabem que jornalista não é artista. Ou deveriam saber. O jornalista trata apenas com fatos, os artistas vivem da ficção. Os jornalistas esportivos cobrem uma atividade que está intimamente ligada ao entretenimento. Um evento esportivo é lúdico e distrai as pessoas, é um lazer, um momento de descontração. Uma disputa esportiva é um espetáculo e o profissional divulga os acontecimentos, mas não participa deles. O trabalho como jornalista dá notoriedade, especialmente para os profissionais que aparecem na tela. É da natureza da profissão. Pode até dar um autógrafo para um fã, mas deve atuar no limite da racionalidade.

Para fazer uma reportagem da estreia de um espetáculo teatral o repórter não sobe no palco, não vira personagem do enredo nem é capaz de influenciar o desenrolar da história. Se ousasse fazer isso seria imediatamente repudiado pelo público. Esse comportamento vale para os espetáculos esportivos. Há quem considere que cobrir competições seja um trabalho "artístico", age como "artista" e julga fazer parte do espetáculo, como se não existisse o espetáculo sem ele. Nada contra essa postura, desde que fique bem claro que isso não é jornalismo. É entretenimento. Afinal qual o critério que os jornalistas devem optar para desenvolver o seu trabalho?

Os veículos eletrônicos estimulam a transformação de locutores, comentaristas, repórteres, narradores em "artistas" e estes se julgam parte do *show* e por isso têm o direito e o dever de participar como um personagem. Durante muito tempo, as transmissões consagraram esse estilo e ainda hoje ele pontifica nos programas de "debates esportivos" quando cada participante assume um personagem que se repete nos programas seguintes. Um sempre é o "bonzinho", o outro é o "zangado", outro é o "flamenguista" ou "corintiano" ou "gremista". Enfim, fingem que são o que falam. Fingir, porém, é autêntico apenas na profissão de ator.

O artista emociona a plateia, faz as pessoas rirem ou chorarem. Finge que está doente, alegre, triste, abatido, eufórico. Esse esquema de personagens conquistou grande sucesso no *Programa Silvio Santos*, no *Show dos Calouros*, quando o público sabia do caráter das figuras que julgavam os calouros. Foi um sucesso. Porém, os jornalistas quando fingem são bufões, personagens de pastelão, canastrões, verdadeiros patifes. É verdade que alguns fazem sucesso, e o grande número deles, principalmente na televisão, é a prova disso. Lembremos, no entanto, que os artistas não têm compromisso com a ética jornalística e por isso fazem *merchandising*, publicidade e até mesmo testemunhal. Não há nem conflito de interesse nem de consciência.

Já com os jornalistas esportivos é diferente. A cobertura alegre, descontraída, animada não deveria nunca se confundir com programa humorístico. É um trabalho que é sério sem ser sisudo e respeita as regras do jornalismo como a acurácia. Não se faz sensacionalismo usando notícias inverídicas, sem nenhuma confirmação, fruto apenas de especulação para construir falsos debates e eletrizar os torcedores. A busca constante da isenção põe jornalismo e teatro em campos opostos, ainda que ambos sejam importantes para a sociedade em seus respectivos espaços. A emoção humana é tratada por cada um deles de forma diferente, um divulga os dramas e as alegrias humanas, o outro a representa.

O que pode, sim, unir as duas profissões são as técnicas. Nada impede o jornalista, principalmente na televisão, de recorrer a determinadas ferramentas das artes cênicas para desenvolver seu trabalho, como postura, dicção, perda da timidez, e outros recursos do teatro. Eles ajudam e devem ser usados por aqueles que têm alguma dificuldade e precisam aprimorar sua participação. Se é comum um curso de aprimoramento da língua e da escrita portuguesa, por que não de impostação de voz?

A produção do programa também lança mão de recursos que são próprios dos programas de entretenimento como melhor iluminação, preocupação com o visual dos apresentadores, cores das roupas, maquiagem, enfim, requisitos que são essenciais na TV. Assim como no teatro, também há ensaios. O que são os pilotos de programas se não uma verdadeira pré-estreia teatral? Até as falas e os diálogos dos participantes podem ser treinados, combinados, e na maioria das vezes escritos no *teleprompter* para ser lido, e isso dá ao telespectador a sensação que tudo está sendo de improviso. E não está, nem por isso há quebra do compromisso ético.

O ator até pode fazer um ou outro caco no texto, mas se ele aumentar pode derrubar os colegas e atrapalhar o espetáculo uma vez que os demais não conseguem voltar ao texto original. Grandes improvisadores de caco são Ronald Golias, Grande Otelo, Zeloni, Carlos Alberto de Nóbrega, Dercy Gonçalves e muitos outros, De qualquer forma todos, enquanto o mesmo espetáculo estiver em cartaz, todos procuram repetir o mesmo texto. Dez anos depois o texto de *A Bela e a Fera* é o mesmo. O texto jornalístico inédito só é pronunciado uma única vez, uma vez que se refere a um fato único, um jogo, uma competição, um fato esportivo. Um repórter ensaiando várias vezes uma passagem em uma matéria nada tem a ver com um ensaio teatral.

No jornalismo esportivo os improvisos são constantes, como os comentários antes, no intervalo e no final das competições esportivas. Afinal, em uma transmissão ao vivo é impossível escrever o que vai ser dito. Mas quando dá para escrever o risco de errar é menor, e o *script* muda em cada jogo, todo dia em função da dinâmica dos acontecimentos.

Alguns profissionais aventuram-se pelo jornalismo esportivo para ficar mais perto das estrelas do espetáculo, os atletas, ou viajar o país cobrindo eventos e se iludem que esta área do jornalismo esteja recheado de "glamour". É uma editoria como outra qualquer e o que vale é ser o mais profissional possível.

Sabemos que muitos artistas quando são patrocinados por restaurantes ou casas noturnas costumam jantar nesses estabelecimentos após as apresentações das peças de teatro. Essa verba está incluída no patrocínio. Mas muitos jornalistas costumam fazer o mesmo. Anunciam seus patrocinadores durante o programa (alguns possuem até agência de publicidade) e depois desfrutam com colegas e até familiares da "regalia". Jogam sua independência e credibilidade no chão.

Atletas são patrocinados por marcas famosas, usam camisetas, bonés e são sempre orientados a permanecerem com esses acessórios nas entrevistas principalmente na televisão. O jornalista não deve usar marca nenhuma em suas camisetas e seus bonés, principalmente se ela for troca de dinheiro. Jornalista não tem patrocinador, ele está a serviço de sua empresa jornalística e da notícia.

A "síndrome do artista" nos jornalistas se deve muito ao ego inflado. São tantas as tentações, o reconhecimento da massa daqueles que trabalham em TV ou rádio que tudo isso pode "subir à cabeça" de alguns. Não hesite em procurar um terapeuta, essas coisas são muito comuns em profissões com muita exposição na mídia. Só não vale atropelar os princípios de ética jornalística.

O quê?

A tecnologia

"Quem disse que ganhar ou perder não importa,
provavelmente perdeu."
Martina Navratilova

Não há dúvida de que os altos investimentos e a evolução dos equipamentos colaboraram para o crescimento da qualidade das transmissões esportivas. Na televisão, a evolução foi enorme.

Em 1970, na Copa do México, a primeira transmitida ao vivo, tivemos novidades tecnológicas como o *replay* em *slow motion* (câmera lenta) e pudemos ver com detalhes toda a magia de Pelé. Foi a primeira vez também que câmeras eram posicionadas atrás do gol diversificando os ângulos das jogadas de ataque. Em Paris, a final da Copa de 70 registrou mais aparelhos de TV ligados do que a transmissão da chegada do homem à Lua, um ano antes. Na Copa de 1990, na Itália, a novidade foi colocada na parte superior dos estádios e chamavam câmeras "italianas" que com suas lentes bem abertas acompanharam os ataques e permitiram verificar a linha de impedimento. Mais uma vez a evolução da tecnologia beneficiando o esporte, os jornalistas e, claro, os torcedores.

Há também as câmeras invertidas, que ficam do lado oposto à transmissão. Elas podem ficar acima ou no nível do gramado e invertem o eixo da transmissão. As câmeras de trilho ficam no nível do gramado, deslizam e permitem aproximação e velocidade. Os repórteres têm a seu serviço as câmeras *microlink*, que funcionam sem cabos e aumentam a agilidade desses profissionais nas entrevistas dentro no campo. Existem até mesmo câmeras que ficam focadas somente nas reações dos técnicos e de um determinado atleta.

A evolução tecnológica contribuiu também no campo editorial, porque com tantos detalhes registrados – como a dor de um jogador, o olhar de um cobrador de pênalti, a reação do torcedor –, o leque de pautas ficou muito mais amplo.

É preciso usar toda esta sofisticação das transmissões para dar mais espaço para a informação. A tecnologia deve andar de mãos dadas com a informação. Ou seja, as câmeras especiais, *replays*, mesas de corte podem inspirar um trabalho jornalístico estatístico de quem chutou mais a gol, qual equipe fez o maior número de faltas, tempo de bola parada etc.

As novas descobertas da tecnologia praticamente forçam o jornalista esportivo a acrescentar informação ao que está sendo mostrado, ele deve ficar atento o tempo todo. Numa Olimpíada, geralmente as TVs recebem sinal de várias competições ao mesmo tempo; com a evolução da tecnologia, as disputas são gravadas digitalmente e quase que no mesmo instante estão à disposição da equipe esportiva. O apresentador deve estar preparado para informar qualquer tipo de competição que a TV tiver interesse em mostrar. Isto dá mais dinamismo à transmissão.

Mas a velocidade da tecnologia não pode interferir na qualidade do jornalismo. Na internet, o jornalista teve de adaptar-se a essa nova mídia, que reúne texto, áudio, vídeo e interatividade em variadas formas de difusão. Com o *laptop* e alguns softwares é possível fazer a entrevista, tirar foto, gravar em áudio/vídeo, editar e imediatamente subir a matéria para o site, celular ou *palmtop*.

A velocidade da rede coloca a internet na mesma igualdade de condições da TV e do rádio para levar a informação ao público. No entanto, falta ainda maior profundidade jornalística na apuração dos fatos esportivos, das tendências e do investimento em reportagem fazendo uso das ferramentas da internet.

Apesar de toda a revolução que causou, a internet é o atual grande desafio do jornalismo, seja ele especializado em esportes ou em qualquer outro setor.

 Um dos artifícios da equipe editorial para uma transmissão *off tube* é usar várias vezes o *botton line* ou *crawl*, que é uma tarja geralmente utilizada no rodapé da tela da TV e serve para passar informações complementares à transmissão.

 Ponto para a emissora que hoje coloca câmeras cada vez mais precisas e menores à disposição dos eventos esportivos. Belo exemplo são as câmeras submersas usadas nos esportes aquáticos, que mostram com detalhes o momento da chegada e o toque na borda da piscina do nadador, além do instante da entrada na piscina nos saltos ornamentais, e são capazes de tirar dúvidas de frações de segundos entre um atleta e outro.

 O jornalismo sempre esteve ligado à tecnologia. Os aparelhos de rádio, televisão, fotografia e os equipamentos para produzir materiais para esses suportes estão diretamente ligados a ela. O que seriam o telefone, o fax, o velho telex senão formas de tecnologia? Portanto, não fuja das novas tecnologias como internet, multimídias, celulares com áudio e vídeo, *laptops*, *palms* etc. Elas estão totalmente integradas à profissão.

Com a chegada da TV digital será necessário combinar o sistema tradicional (*broadcast*) com a interatividade, textos e gráficos e toda a ferramenta que permitirá serviços interativos da versão digital. Com a interatividade, fica cada vez mais evidente a fusão entre o computador e a televisão. Ou seja, deve haver uma integração também entre o hardware e o conteúdo. Será muito difícil definir o que é computador na TV e a TV no computador, porque eles estão se fundindo e unindo funções de ambos. É primordial que o profissional de jornalismo se atualize para não correr o risco de ficar de fora do avanço das novas tecnologias.

Outra virtude da tecnologia no esporte é a computação gráfica. Com ela podemos criar quadros dos recordes batidos, *ranking*, raia ocupada pelos nadadores, cenários virtuais e animações. Os *inserts* (imagens inseridas por computação gráfica) têm possibilidades ilimitadas de uso. Mas não se deve exagerar.

Algumas competições estão tão integradas à computação gráfica e suas novas tecnologias que parecem verdadeiros videogames. Em certa competição de skate foram usadas 32 câmeras colocadas em um círculo no teto do ginásio com cortes feitos por computador e mostrados em todos os ângulos. É como se as manobras radicais fossem exibidas em terceira dimensão. Uma verdadeira maravilha tecnológica aos olhos do telespectador.

Cada modalidade esportiva tem sua característica de posicionamento de câmeras. No futebol, o básico é ter uma câmera posicionada no meio do gramado mais aberta, tipo panorâmica, e outra mais fechada para pegar os detalhes. Também são colocadas as que ficam na linha de impedimento, no alto das arquibancadas, na lateral do campo, dentro dos gols etc.

A microcâmera é uma verdadeira revolução na linguagem da TV. Ela pode, por exemplo, ser acoplada no carro do piloto na Fórmula 1 ou no capacete de um cinegrafista que irá saltar de paraquedas. É uma visão única e exata da competição esportiva.

Através dos *hiperlinks*, o torcedor tem a possibilidade de interagir com a notícia. Além disso, com a tecnologia da internet, as imagens devem ser sempre atualizadas e até do som se for o caso. O torcedor tem a possibilidade de acessar todo tipo de detalhe, como galerias de fotos do time de coração, títulos conquistados, entrevistas com os maiores ídolos, enfim, um verdadeiro banco de dados esportivo.

 Sistemas de televisão interativa que permitem aos telespectadores selecionar finais alternativos para programas ou mudar de uma imagem em grande angular para um *close-up* enquanto assistem a jogos de futebol já existem. Quando a tecnologia do *video-on-demand* estiver incorporada à realidade, a enorme capacidade de transmissão de dados da TV digital viabilizará a interatividade, permitindo que o indivíduo escolha o que deseja ver, na hora que quiser, da maneira que preferir. Ou seja, se quiser assistir a um jogo fora do horário que estiver marcado na televisão, será possível vê-lo como fazemos hoje com um DVD.

QUEM CRUZOU A LINHA DE CHEGADA?

Nos tempos da Rádio Gazeta, nos idos de 1982, quando a Corrida de São Silvestre acontecia na virada de 31 de dezembro para 1° de janeiro, fui escalado pelo saudoso Pedro Luiz para narrar a prova de dentro do carro. O circuito também era invertido: descia-se a avenida Brigadeiro Luís Antônio, e depois da passagem pelo centro da cidade, os corredores subiam a Consolação. As emissoras tinham a mania de chamar os veículos de reportagem de "viatura de frequência modulada", numa época em que a comunicação sem fio era precaríssima.

Nosso carro era um Fiat 147, uma carrocinha da pior qualidade, com embreagem manual e outros "equipamentos" considerados da era paleolítica dos automóveis. Como todos sabem, os veículos de reportagem são colocados à frente dos competidores, a porta traseira fica levantada, e assim os narradores e comentaristas podem ver o desenrolar da prova. Para resumir a história: quando passávamos em frente ao cemitério da Consolação, nossa carrocinha começou a tossir; o motor falhava desbragadamente, e os corredores se aproximavam pedindo passagem. Sugeri então que o motorista puxasse o botão do afogador. Ele o fez rapidamente, mas a peça saiu na mão dele. Decidimos então empurrar o carro e colocá-lo sobre a calçada. E quem ouviu a rádio naquela madrugada, ficou sem saber quem havia cruzado a linha de chegada em primeiro lugar.

Carlos "Cacá" Fernando
Narrador da ESPN Brasil

Exibição ou esporte?

"Se depender de mim, vocês, jornalistas,
irão esgotar os adjetivos do dicionário."
Ayrton Senna

Por falar em tecnologia moderna, vamos nos dedicar, agora, às competições que envolvem o uso de veículos e que estão fora das Olimpíadas. A razão disso é que nem todo mundo (o COI, por exemplo) considera esses campeonatos como esporte e sim exibições de carros, motos, aviões etc. São os chamados esportes a motor, muito mais uma competição de caráter tecnológico, empresarial, uma disputa econômica do que um desafio de igualdade de condições. Não é sem razão que se qualifica de *circo da Fórmula 1* as competições dessa modalidade em todo o mundo. Tal e qual um circo, há a montagem da infraestrutura, os mesmos pilotos de anos e anos se apresentam e as fábricas de carros interessadas em testar peças e componentes para serem usados nas linhas de produção de veículos brilham.

Obviamente afirmar que são exibições esportivas e não competições provoca polêmica, uma vez que milhões de pessoas de todo o mundo acompanham ao vivo, nos autódromos ou pela TV, os bólidos correndo nas pistas.

Essas exibições estão basicamente apoiadas em vultosos patrocínios publicitários que envolvem fábricas de carros, cigarros, bebidas e outros produtos de marcas mundiais. Só existem enquanto essa publicidade arcar com os custos milionários das equipes e dos pilotos.

Nos Estados Unidos, a Fórmula Indy (ou Mundial) atrai mais audiência do que a europeia Fórmula 1. A pista oval, da Indy, está mais para o gosto dos americanos.

A disputa entre as equipes é essencialmente econômica e ganha quem tiver mais dinheiro para investir em pesquisas, projetos tecnológicos, novos materiais, novos motores, pneus, aerodinâmica e bons pilotos. Isso não se confunde com clubes de futebol que gastam muito dinheiro para contratar os melhores jogadores. Uma coisa é investir no ser humano, outra nas tecnologias das competições. Na Fórmula 1, a figura humana é mera coadjuvante no circo. As estrelas são as poderosas máquinas e seus potentes motores. Portanto é uma competição de máquinas e não de homens.

A "vitória" é condicionada pela tecnologia dos carros e a imensa publicidade para passar para os assistentes que há alguma competição entre os pilotos da corrida.

Os jornalistas que cobrem essas atividades correm o risco de serem contaminados pelos grandes interesses econômicos em jogo e de se tornarem meramente assessores de imprensa do esquema. Os esquemas de viagens, *releases*, celebridades, modelos, grande cobertura da mídia são os atrativos mais comuns.

Há outras provas que envolvem motos de grande cilindradas, aviões de acrobacia, *stock cars*, *trucks*, *dragsters* e muito mais oferecidos pela indústria mundial.

Há também o incentivo para a formação de falsos heróis nacionais, como se a competição fosse uma disputa entre nações. Assim todo o noticiário reproduz que o brasileiro

Fulano, o alemão Sicrano, o italiano Beltrano, enfim, uma mistificação de uma disputa entre nações inexistente. É verdade que a utilização e o domínio de uma tecnologia tão sofisticada tende a considerar o vencedor como um grande herói nacional. É verdade que esses homens expõem suas vidas trocadas por altíssimos salários em dólar. Alguns não sobreviveram para gozar o que conquistaram em dinheiro e fama.

 A cobertura jornalística desses eventos deve estar na mesma categoria de coberturas de outras atividades de puro entretenimento. Há interesse de público e, portanto, cabe ação jornalística respeitando todos os parâmetros de precisão, investigação, limites éticos etc. Contudo, é preciso deixar claro que se trata de uma exibição e não de uma competição esportiva como se entende de outros esportes.

 A ausência de notícias e a pressão dos veículos para manter os programas patrocinados no ar forçam os jornalistas a requentar ou inventar coisas que supram essa necessidade. Isso conduz a obviedade e a perda de credibilidade. A pressão muitas vezes leva a invasão da privacidade dos pilotos e as "notícias" descambam para as fofocas, namoros, visitas de artistas, programas noturnos etc.

 Competições como as de Fórmula 1 são um grande evento para a televisão, que não economiza em equipes e equipamentos. São belíssimas transmissões, com o uso de toda a tecnologia de computação disponível, efeitos visuais incríveis, acompanhamento do tempo, classificação, enfim um grande espetáculo, sem dúvida. Não raro, as dezenas de câmeras estão espalhadas nos carro que correm, nos boxes, autódromo e são sustentadas em helicópteros e dirigíveis.

 Os apresentadores do espetáculo esforçam-se para comentar detalhes técnicos dos carros, que são importantes para os aficionados, e ao mesmo tempo prender a atenção dos leigos ou telespectadores eventuais. É preciso talento para fazer isso e a preparação anterior é fundamental sob pena de ser corrigido, via e-mail, por pessoas que conhecem profundamente o assunto e são capazes de discutir detalhes incríveis.

 A "irradiação" de um evento como esse é um contrassenso tão grande como "irradiar" um jogo de tênis, *cricket* ou golfe. As transmissões do rádio não resistiram à beleza das imagens da TV e por isso podem ser transformadas apenas em boletins informativos. Insistir em "irradiar" é um anacronismo que deve ser evitado.

 Também nesses eventos é impossível não dizer o nome do patrocinador, uma vez que eles identificam as equipes. Às vezes não há outra denominação possível, e quem for fazer uma cobertura jornalística tem de se conformar com isso.

Miscelânea

"Humildade. O jornalista tende a se achar importante. Convive com gente importante, assimila aquela coisa e passa a se achar importante. O jovem repórter entra na profissão e vê um mundo que não imaginava existir. Então acaba se acreditando personagem deste mundo. Daí vem a arrogância e uma série de coisas que são negativas para o exercício da profissão."
Carlos Castelo Branco

Muitas faculdades não têm (ainda) um curso de jornalismo esportivo para adequar os princípios gerais do jornalismo com o esporte. Uma falta grave. Neste capítulo, você que já trabalha com esporte ou que pretende entrar em uma redação em breve terá dicas das mais diversas.

 Há discussões sobre a ênfase que se dá ao perdedor de uma competição. Em um jogo de 3 a 0 para a Argentina contra o Brasil, qual seria a melhor manchete: "Argentina bate o Brasil de goleada", ou "Brasil joga mal e Argentina goleia"? Há debates e divergências sobre como construir esse título. Na nossa opinião, deve preponderar a nacionalidade, que é mais forte do que o resultado. Assim ficaríamos com o segundo título que começa com "Brasil".

A pessoa ou as pessoas que medeiam uma competição são geralmente árbitros. Vamos abolir o nome popular juiz, uma vez que este é membro do Poder Judiciário. Até a canção popular pede para ficar de olho no apito do árbitro.

O jornalista tem de ficar atento a todos os detalhes. É praxe nas competições esportivas internacionais que o árbitro seja de um país "neutro". É obvio que isso não garante sua neutralidade; contudo, aparentemente, ele não está envolvido de forma direta na disputa.

O melhor árbitro é aquele que nem aparece no vídeo, nem no espetáculo.

O esporte proporciona maior informalidade e todos aceitam isso. Entretanto, o governador, o presidente, o prefeito, continuam sendo os mesmos personagens de importância política e social dentro e fora dos estádios, e por isso o tratamento tem de ser formal e respeitoso.

Tricampeã é a equipe que ganha um campeonato pela terceira vez consecutiva segundo o *Dicionário de Futebol*, de Haroldo Maranhão, o *Dicionário Michaelis* e o *Dicionário Houaiss da língua portuguesa*. Cartolas, políticos e até mesmo jornalistas criam climas e proclamam que mesmo que não seja consecutivo, o time é tricampeão. É uma forma rudimentar de conduzir o torcedor em direção a um ufanismo de segunda categoria. Talvez também a paixão do torcedor tenha contribuído para que o termo se popularizasse. Nem mesmo a seleção brasileira é tricampeã. Ela conquistou o campeonato mundial em 1958 e 1962, consecutivamente, ou seja, bicampeã. Em 1970, conseguiu a terceira conquista do campeonato mundial, e não um tricampeonato.

Os números devem ser arredondados para facilitar o telespectador ou ouvinte, Um pouco a mais ou a menos não vai matar ninguém, principalmente quando se informa a renda, o preço da venda de um passe de atleta, ou o número de torcedores no estádio.

Nenhuma partida começa a zero hora, uma vez que esta hora não existe. É meia-noite e mais alguma coisa, nada de zero hora e dez minutos...

Se um atleta tem dois nomes, deve-se optar pelo mais popular.

A imprensa esportiva deve parar de comentar jogos como se houvesse um time só. Isso é comum quando um time grande joga com um pequeno. Se o favorito ganhar, nenhuma surpresa. Se perder, o clube grande passa a ser considerado em crise, mesmo que tenha vitórias e títulos recentes. E sobre o time que venceu nada se diz. Será que o vencedor não teve méritos?

 Seja no rádio, na TV, na internet ou nas páginas dos jornais, constantemente, a imprensa transporta a linguagem do crime para o esporte. "É matar ou morrer", "jogo do mata a mata", "a torcida vai botar fogo no estádio", "duelo de matadores", "fuzilar o adversário", "está lá um corpo estendido no chão" e por aí vai. Isso só contribui para o crescimento da violência e os torcedores não frequentarem os estádios.

 Uma dose de conhecimento sobre *doping* e medicina esportiva é importante para todos que fazem parte de uma equipe esportiva.

 Por que os jornalistas esportivos perdem tanto tempo nas transmissões falando sobre comida? É um tal de comentar sobre o almoço, onde irão jantar depois da partida, a macarronada da mãe de fulano etc. O que é mesmo que o torcedor tem a ver com isso?

Frases de colecionador

Quem não gosta de dar pitaco no mundo esportivo? Coletamos frases inigualáveis de grandes personagens, sejam craques, sejam técnicos ou observadores atentos. Vamos finalizar a primeira parte do livro com esse chantili.

"Até a bola do jogo pedia autógrafo a Pelé."
Armando Nogueira

"Nem que eu tivesse dois pulmões eu alcançava essa bola."
Bradock

"Em qualquer esporte, a ansiedade do que pode acontecer é quase tão importante quanto o que na verdade acontece."
Bob Costas

"A bicicleta ergométrica é uma viagem sem ida."

Casseta & Planeta

"Maradona só será um novo Pelé quando ele ganhar três Copas Mundiais e marcar mais de mil gols."

César Luis Menotti

"Não venham com problemática que eu tenho a solucionática."

Dadá Maravilha

"Metade deste jogo é noventa por cento mental."

Danny Ozark

"O basquete desenvolve a individualidade, a iniciativa e a liderança. Agora, vão lá e façam exatamente o que eu mandar."

Dick Vitale

"Minha mãe diz que sou eu. A mãe do Pelé diz que ele é. Quem ganha é o futebol."

Diego Maradona

"O Corinthians só perde se não ganhar."

Falcão

"Campeonatinho mixuruco, nem tem segundo turno!"

Garrincha, durante a comemoração da conquista da Copa do Mundo em 1958.

"Por que subir ao cume da montanha? Porque ele está lá."

George Leigh Mallory

"Clássico é clássico e vice-versa."

Jardel

"O jogo mais difícil é sempre o próximo."

Leonardo

"Chega de jogador-mandioca, que fica plantado no meio do campo."

Luiz Felipe Scolari

"O meu clube estava à beira do precipício, mas tomou a decisão correta: deu um passo à frente."

João Pinto

"Entre dois, quem tira o segundo é o último."

João Saldanha

"A seleção brasileira é uma seleção sem vícios: não fuma, não bebe, nem joga."

José Simão

O quê? • Frases de colecionador

"Todo mundo gosta de um bom perdedor, especialmente se estiver no time adversário."

Milton Segal

"Experimentei uma variedade de emoções que você não pode imaginar. Sinto-me realmente vazio agora."

Oleg Blokhin, técnico da Ucrânia, na manhã seguinte à classificação para a Copa do Mundo.

"Os ciclistas não sabem como é frágil a base do crânio."

Ramón Gómez de La Serna

"Futebol é como viaduto. Um dia estamos por cima. No outro, por baixo."

Roberto Carlos

"Técnico bom é aquele que não atrapalha."

Romário

"Toda bola que entra no gol é perfeita."

Romário

"Sou autêntico, real, claro e difícil."

Romário

"Nossa dificuldade é pôr a bola pra dentro."

Ronaldo, no intervalo do jogo Brasil x Peru

"O boxe exige grande generosidade: dar sempre, sem receber."

Stéphane Ouellet

"Jogador tem que ser completo como o pato, que é um bicho aquático e gramático."

Vicente Matheus

"Vocês vão ter que me engolir."

Zagallo

"Gol é uma explosão de alegria, um desabafo de nossa alma, o resultado final de um árduo trabalho de aplicação."

Zico

"Na vida você não pode de maneira nenhuma dizer que já realizou tudo."

Zico

"Voltei atrás em minha decisão, um ano após dizer que ela era categórica."

Zidane, anunciando seu retorno à seleção francesa.

O desafio da ética

Ética no esporte

"O jornalismo é o exercício diário da inteligência e a prática cotidiana do caráter."
Cláudio Abramo

A ética no jornalismo esportivo tem a mesma importância do que qualquer outra área, uma vez que ela baliza as ações humanas, critica a moralidade e se constitui em princípios e disposições. Ela baliza os parâmetros do que é virtuoso, justo, digno, honesto, solidário, enfim, um conjunto de valores que buscam melhorar a sociedade humana. A ética é uma percepção do mundo dinâmico, uma vez que a sociedade se altera constantemente, e é preciso identificar onde estão os atributos virtuosos.

A ética não se confunde com a moral. São coisas distintas, ainda que ligadas. A moral é a regulação dos valores e comportamentos considerados legítimos por uma sociedade em uma determinada época. Juntar um bando de homens e mulheres nus em uma praça para tirar fotografias poderia ser considerado imoral há uns dez anos; hoje, a sociedade interpreta a ação como uma manifestação artística. Há muito mais revolta contra a moral do que contra a ética. Esta não está submetida aos códigos de justiça, a moral está. Andar nu em um estádio repleto é contra a lei.

Por não aderir aos princípios éticos ninguém é condenado a penas materiais, por isso se diz que o código de ética é deontológico, ou seja, é de livre adesão dos jornalistas que acreditam que seguindo seus dispositivos, contribuem para a melhoria da sociedade.

A ética tem sido o principal balizador do desenvolvimento histórico do esporte. Ele se desenvolve no campo ético desde os tempos da Antiguidade greco-romana. O código de ética jornalística não é para ser aceito como uma verdade absoluta, mas como objeto de constantes debates, com a busca do consenso e a pressão de caráter moral para que todos sigam o que foi acordado. Eis algumas sugestões de conduta ética:

Muitos jornalistas não conseguem separar amizade de relacionamento profissional. Neste caso, é preciso decidir o que é mais importante: a amizade com o atleta tal ou a carreira de jornalista esportivo.

Manter fontes seguras e confiáveis é trabalho de todo jornalista. Mas não permita que essa fonte leve vantagem. Nunca uma notícia será paga com um favor nas manchetes dos jornais, nos microfones ou em qualquer meio de comunicação.

O repórter nunca deve privilegiar um ou outro competidor. Ainda que haja favoritos em uma competição, os demais devem ser tratados com dignidade.

Os jornalistas convivem com os maiores ídolos do esporte nacional e mundial. Nem por isso devem, em hipótese nenhuma, ter demonstrações de tietagem. Tietar não condiz com o comportamento esperado de quem está ali para noticiar.

Não arme para sempre cobrir ou fazer os jogos do seu clube de coração. Além de prejudicar o trabalho de outros colegas, você pode ficar taxado como "jornalista-torcedor", o que arranhará sua imagem profissional. Um bom teste para a isenção nossa de cada dia é cobrir eventos de outros clubes e depois perguntar aos colegas como foi o trabalho.

Se a pauta cair, ligue para o entrevistado que estava agendado e desmarque. Nunca deixe o entrevistado esperando, mesmo que ele seja um esportista jovem e pouco famoso. Todos merecem o mesmo tratamento.

Nunca pague do seu bolso passagens ou hospedagem para garantir destaque na cobertura de determinado jogo ou evento que a emissora da qual trabalha não irá cobrir. O veículo tem obrigação moral de suportar as despesas com o trabalho jornalístico.

 Não jogue no time do cartola ou do jogador. O segredo da profissão é respeito ao trabalho alheio e isenção. A emoção e a predileção são inimigas de boas reportagens.

 Não se pode generalizar e rotular todos os dirigentes de corruptos ou de caráter duvidoso.

 Nunca peça camisa de clube para jogador, mesmo quando for para levar para seu filho que faz aniversário naquele dia. Elas são vendidas, compre-as.

 Infelizmente alguns jornalistas esportivos ainda divulgam informações incorretas sobre o interesse de certo clube por determinado jogador para beneficiá-lo na renovação de contrato. Jornalista não pode ser ingênuo e deve duvidar do que ouve até uma apuração segura..

 Não exagere ou minimize uma notícia. Apure e divulgue a notícia como ela é.

 Se a competição é ruim, não tem emoção, não tem boas jogadas, não se pode inventar. Nem na TV nem no rádio. O compromisso do jornalista esportivo é com a verdade, e não com os caros patrocinadores, ou quem quer que seja.

 O assessor de imprensa não deve privilegiar nenhum veículo de comunicação na divulgação de uma notícia inédita; cabe ao jornalista procurar diariamente seu furo.

 Não seja um "repórter-artista". Portanto não apareça estrategicamente ao lado dos jogadores em fotos, entrevistas ao vivo para televisão com a finalidade de ser reconhecido. Cuidado com o ego. Não se confunda com os ídolos do esporte. Deixe isso para os atletas.

 Alguns jornalistas fazem de tudo pelo merchandising e o que isto pode trazer-lhe de vantagens, como uma hospedagem gratuita em hotel com a família ou um jantar na churrascaria tal o que acarreta uma sequência de "abraços e alôs" a esses estabelecimentos numa transmissão esportiva. A pior coisa para um jornalista esportivo é ser considerado um "jabazeiro". A credibilidade do jornalista nesses casos é quase nula.

Não esqueça que a postura e o comportamento do repórter refletirão na própria imagem do veículo que ele trabalha.

Todo jornalista necessita trabalhar com absoluta independência e liberdade. Quando transformam programas esportivos em verdadeiras feiras livres ou camelódromos, a informação perde credibilidade e a notícia fica em segundo plano. Existe grande diferença entre um jornalista esportivo e um "garoto-propaganda". Alguns entendem que por ser esporte, é possível determinadas facilidades que não cabem em outras atividades jornalísticas.

Sabemos que o marketing é necessário no mundo capitalista e ainda mais no mundo esportivo que alavanca quantias milionárias de investimentos. Mas deve existir um limite, por exemplo, no ângulo das câmeras de TV nos estádios que privilegiam muito as placas de publicidade e os anúncios dos patrocinadores. Não podemos ter as imagens dos jogos de acordo com o gosto de quem paga a conta. O melhor ângulo de visão deve sempre privilegiar o espetáculo esportivo.

Não se venda às promessas de dirigentes como "Vou deixar você e mais ninguém entrar no treino. Vou deixar o furo só pra você, vocês vão ser os únicos a noticiar, mas para isso a notícia tem de ser favorável. Tem de falar bem, senão você fica de fora na próxima". Denuncie essas atitudes.

O jornalismo esportivo não se orienta por boatos ou rumores. Jornalismo se faz em cima de fatos e não da ficção, como em qualquer outra área.

Os jornalistas têm o dever de duvidar sempre, mesmo quando as notícias parecem verdadeiras. Não se pode ser ingênuo jamais.

As análises e os comentários devem ser sinceros e isentos. O jornalismo deve fiscalizar rigidamente todas as autoridades esportivas e publicar o que considerar de interesse público, agrade ou não às fontes e aos protagonistas.

Não se faz jornalismo sem fazer vítimas, ou melhor, sem provocar algum reflexo social. Se não provocar não é jornalismo.

Por isso é preciso respeitar o direito do contraditório nas reportagens, garantir espaço para opiniões divergentes seja ou não procedentes. Cabe ao público julgá-las. Jornalista não é árbitro, nem membro de tribunais esportivos.

O primeiro ato da produção jornalística é apurar, reconhecer a acurácia da notícia. Sem este não há nenhum outro. E para isso é preciso ir além do ato de ouvir os dois lados para divulgar uma notícia. É preciso ir além. É preciso formar convicção da veracidade antes de publicar.

A correção de uma notícia errada é um preceito ético universal. O dano já provocado é irrecuperável, mas o mínimo que se faz é garantir que o maior número possível de pessoas saibam que uma pessoa inocente foi atingida.

Todo mundo é inocente, até prova em contrário. Até os atletas das equipes adversárias. Não se pode nunca abrir mão do princípio ético da presunção a inocência.

Sem denúncia sólida não há reportagem.

VAMOS PARA O "CANTÃO"!

Foi na final do Campeonato Paulista de 1991. A decisão era entre São Paulo e Corinthians. Foram dois jogos. Eu estava cobrindo o Corinthians. No primeiro jogo, o São Paulo ganhou por 3 a 0. Os três gols foram do Raí. Descobri que quem deveria marcá-lo, o Márcio Bittencourt, entrou em campo com uma contratura muscular. Ele escondeu dos médicos e, principalmente, do Cilinho, o técnico corintiano. Todos ficaram loucos quando viram a matéria no JT. O Márcio tentou me intimidar. Eu apenas ri e até brinquei com ele. Pior foi o Cilinho, que, logo após o segundo jogo, que acabou 0 a 0, veio atrás de mim. Naquela época, repórteres de jornais podiam entrar no gramado assim que a partida acabava. O Cilinho me chamou dizendo: "Quero falar com você no 'cantão' na segunda-feira". Era a gíria para dizer que ele queria me bater. Eu apenas sorri. Ele ficou irritado e tentou me dar um soco. Segurei suas mãos. Ele ficou tentando se soltar e eu não deixava. Isso enquanto o São Paulo dava volta olímpica. Eu acabei pisando em falso, escorreguei nas escadas que dão acesso ao vestiário no Morumbi. Caí. Só que não o larguei. Rolamos as escadas – parecia uma comédia pastelão. Caímos em cima de vários repórteres. Foi um vexame. Os meus colegas me cercaram perguntando se eu não iria à polícia apresentar queixa contra o Cilinho. Tive sangue-frio e falei bem claro: "Não. Ele é um técnico incompetente que sempre bate em jornalista quando seu time perde para desviar o foco do seu fraco trabalho. E tem mais: desta vez houve empate". Cilinho foi demitido no dia seguinte pela diretoria do Corinthians.

Acredito que o jornalista tem de manter o sangue-frio, ser ético, mas não pode deixar que o agridam e o desrespeitem como ser humano.

Cosme Rímoli
Repórter especial do *Jornal da Tarde*

Os donos da bola

"O que a Justiça tem de entender é que o futebol brasileiro tem suas próprias leis."
Eurico Miranda

Os jornalistas esportivos precisam avaliar corretamente a relação que o esporte tem com os setores político e econômico da sociedade. Essa atividade mexe com o poder e é responsável por grandes verbas publicitárias públicas ou privadas. Por isso o ideal olímpico por vezes é substituído por conluio, corrupção, manipulação e ausência de interesse público, que, em última análise, é o que define o jornalismo.

Os jornalistas têm obrigação de fiscalizar essas relações do esporte e exercer o direito de denúncia toda vez que os interesses particulares se sobrepuserem ao interesse público. Os bastidores do mundo do esporte ainda são pouco conhecidos pela sociedade, pouco divulgados e são raros, infelizmente, os profissionais que se dedicam a uma cobertura crítica do esporte. Nem mesmo a Justiça, o Ministério Público e as comissões especiais de inquérito conseguem avançar nesse campo. Duas CPIs foram criadas ultimamente e muito pouco foi divulgado. Um técnico de futebol chegou a declarar que não sabia que sua esposa tinha uma conta no exterior e um presidente de clube negou que tivesse uma grande mansão no exterior, apesar da foto ter sido divulgada em todos os jornais.

Quando as reportagens do mundo do esporte saem do campo específico, os jornalistas esportivos, salvo honrosas e boas exceções, somem. Não atuam, como se não lhes dissesse mais respeito. Alguns consideram que seu trabalho se resume à cobertura dos clubes, jogos, departamento médico etc. e não se preocupam com os desdobramentos econômicos e políticos envolvidos no esporte. É como se fosse uma atividade apartada da realidade, do cotidiano da sociedade. O esporte não pode ficar restrito a uma atividade meramente lúdica.

Ora, a mesma isenção, postura investigativa, independência, equilíbrio, boa-fé, exigidos dos jornalistas que cobrem outras áreas, devem ser cobrados dos jornalistas esportivos. Afinal, isenção e postura ética estão fora da atividade esportiva? Nas democracias mais antigas, como a Inglaterra, o esporte é tratado jornalisticamente.

A fraqueza econômica dos veículos de comunicação em muitos pontos do país colaboram para a promiscuidade das coberturas esportivas. Às vezes os presidentes de clubes são donos de jornais, rádios e TVs. Se todos os jornalistas devem tomar cuidado com o envolvimento com as fontes, e os poderes econômico e político, o esportivo tem de ficar ainda mais atento. O processo de cooptação é intenso, uma vez que os dirigentes esportivos, sabendo das dificuldades econômicas da profissão, oferecem facilidades, que vão de oferta de emprego no clube, na federação ou na confederação até propinas para que usem camisetas com publicidade, ou que façam reportagens a favor deste ou daquele atleta objetivando melhorar a venda do passe do atleta. Por isso os cuidados com a isenção devem ser redobrados, ainda mais quando há interesses das emissoras e dos jornais.

O esporte é uma prática social e também um *business* imenso que no Brasil movimenta milhões de dólares, e no mundo chega a bilhões. Por isso é sempre bom saber em que mar se navega:

os tubarões estão sempre atentos e os jornalistas que descuidam podem ser cooptados ou perderem seus empregos quando peitam interesses particulares. Em nenhum outro setor da atividade social coberta pelo jornalismo os espaços são tão exíguos.

Ao longo de toda a história da humanidade, o esporte esteve muito perto dos interesses do Estado: desde as Olimpíadas gregas, se misturava com o poder e a política. Os reis das cidades-estado faziam questão de desfilar ou combater ao lado do campeão olímpico. Em Roma, os jogos tornaram-se fatores políticos importantes tanto na época da república –, a famosa política do *panem et circences* (pão e circo) – e mesmo no período imperial com os espetáculos no Coliseu. Os casos recentes mais emblemáticos foram os do Estado Nazista, que tentou cooptar a Olimpíada de Berlim de 1936, e da ditadura militar brasileira, em 1970, com a conquista da Copa do Mundo e da organização do campeonato brasileiro de futebol. Há inúmeros outros exemplos que devem ser pesquisados pelos jornalistas.

O esporte hoje é usado como escada para carreiras políticas tanto no Poder Executivo como no Legislativo. Presidentes de clubes e organizações esportivas, não raro, são eleitos deputados estaduais, federais e até mesmo senadores.

Muitos candidatos na política aproveitam o momento de eleição para aparecer nos campos atrás de votos. O sucesso do time pode ser a permanência no mandato, ou o passaporte para novo cargo. São os cartolas do esporte.

Alguns políticos não têm vergonha de declarar que se elegeram graças ao clube. Eles se infiltram nos times quando estes estão ganhando, e os frutos das conquistas se refletem nas urnas.

Algumas loterias ajudam os clubes de futebol a saldar dívidas com o governo e até salvá-los da falência. Mas existem tantas outras instituições e causas que merecem essa verba no lugar dos clubes de futebol. Só para citar uma, o que você acha mais justo e coerente: Doar milhões de reais para clubes de futebol ou para a Associação de Assistência à Criança Deficiente (AACD)? Não se admite que verbas públicas sejam doadas a clubes de futebol para saldar dívidas com o governo e até salvá-los da falência. Há casos escandalosos de perdão de dívida com a Previdência Social, e que é uso de dinheiro público. O recolhimento de contribuições previdenciárias dos atletas, e o não repasse à Previdência caracteriza apropriação indevida e seus responsáveis deveriam responder na Justiça.

 A porta de entrada para a vida política de muitos cartolas é o Conselho Deliberativo dos Clubes. É uma forma de fazer parte da elite da agremiação. Mas, geralmente, quando é ano eleitoral, procuram um cargo mais ligado à torcida como o de vice-presidência do futebol. Daí saem muitos vereadores, deputados e até senadores.

 A política de esportes deveria ter a força necessária para formação de talentos, que tenha início desde a educação física da escola até continuar em projetos prioritários e que não sejam somente de ocasião.

 Não podemos mais ficar somente na promessa de um projeto de incentivos fiscais específico para o esporte. Se já existe há anos na cultura, por que não no esporte? Falta uma lei que incentive investimentos da iniciativa privada no setor esportivo, que viriam na renúncia fiscal na hora de pessoas físicas ou jurídicas recolherem o imposto de renda à Receita Federal. Mas esta é uma proposta ousada, pois implicaria numa menor arrecadação do governo.

 Nos últimos anos, várias propostas para uma política de esporte apareceram. Ou seja, propostas não faltam. Faltam, sim, decisões. Principalmente decisões longe das paixões político-partidárias.

Dez desafios do jornalismo

"A dúvida é um dos nomes da inteligência."
Jorge Luis Borges

1. *O desafio do tempo e espaço*: O espaço e o tempo estão ficando cada vez mais reduzidos nos meios. A

saída é praticar, nos dizeres de Juan Antonio Giner, um "periodismo de alambique". Um jornalismo sem palavras ou informações inúteis.

2 *O desafio da justiça*: O jornalismo das massas está cedendo espaço para o jornalismo personalizado. Jornalismo para todos é jornalismo para ninguém.

3 *O desafio do serviço*: O jornal deve se colocar a serviço dos leitores. Valem as notícias que afetam o cotidiano das pessoas.

4 *O desafio do serviço aos anunciantes*: Se podemos reservar um assento de avião com muitos dias de antecedência, por que não colocar um anúncio no lugar e momento precisos?

5 *O desafio da comunicação*: Um jornalista que não exercita sua própria capacidade de comunicação interpessoal está fadado ao fracasso.

6 *O desafio da criatividade*: O diário, bem como seus profissionais, deve sempre apostar em novas fórmulas.

7 *O desafio da juventude*: Os jovens devem ser capazes de elaborar jornais para gente da sua idade, e, por isso, os jornais devem apostar na juventude.

8 *O desafio de homens e mulheres*: Os temas de interesse da mulher não são aqueles que não interessam aos homens.

9 *O desafio da normalidade*: Os meios e os jornalistas devem voltar a estabelecer pactos com sua comunidade. A verdade do jornalismo é a verdade da gente das ruas.

10 *O desafio da paixão*: Jornalismo é para ser realizado com paixão, esse é o maior dever ético da profissão. Porém não pode exceder aos limites éticos da profissão. Seres humanos não são exatos com relógios de quartzo, mas nada justifica que o entusiasmo e a alegria se transformem em manipulação e distorção.

Dez pragas do jornalismo

"É possível contar um monte de mentiras dizendo apenas a verdade."
Folha de S.Paulo

1. Esconder notícia com medo do chefe e do patrão.
2. As pragas estruturais: burocracia e hierarquia.
3. A praga do dia a dia: jornalismo para manter o emprego.
4. A briga diária contra a notícia e seu desconhecimento.
5. Noticiar somente o que agrada ao comercial da empresa.
6. Tratar com ingenuidade as matérias e não ousar duvidar.
7. Temer pôr o emprego em jogo toda vez que houver um conflito de consciência.
8. Escrever sobre um assunto que não conhece. Se tiver de cobrir algo novo, trate de se interar antes.
9. Desconhecer o público para o qual faz jornalismo.
10. Apropriar-se e piratear informações alheias.

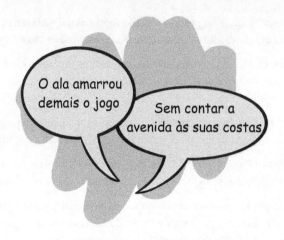

Dizer que um tal jogador é fominha, pois ele fica exagerando na finta em vez de passar a pelota adiante poderia ser uma frase comum na boca de um comentarista ou mesmo de um jogador ou técnico. Um bom jornalista esportivo precisa conhecer os jargões mais usados no meio. E, de preferência, até aquelas palavras raras. Criamos, aqui, um pequeno glossário com alguns desses termos. Divirta-se.

Futebol

"A euforia de uma Copa enche a alma durante uma
semana, mas não a barriga dos necessitados."
Carlos Alberto Parreira

Aérea Jogada aérea. É quando a trajetória da bola vai pelo alto e encobre um ou mais jogadores.

Ala Jogador que atua pelos lados do campo. Lateral. (Ala direita: ponta-direita e meia-direita. Ala esquerda: ponta-esquerda e meia-esquerda.)

Alavanca Maneira desleal e faltosa de conter um adversário usando a perna como apoio e o tronco ou os braços para impulsionar e desequilibrá-lo.

Amarrar Usado na expressão "amarrar o jogo": segurar; fazer cera, prender o jogo. O juiz pode amarrar o jogo marcando repetidas faltas.

Amistoso Jogo em que não há contagem de pontos, ou seja, o resultado não vale pontos para torneio ou campeonato. Jogo não oficial.

Antecipação Jogada isolada, ou técnica defensiva, que consiste em tomar a dianteira ou chegar à frente do adversário em lançamento de bola. Ficar à frente do adversário em qualquer jogada.

Apitar no grito Árbitro que só marca falta depois que jogadores avisam ou reclamam.

Apoio Ato de um jogador de meio-campo ou de defesa em participar de uma ação ofensiva dando bolas aos companheiros de ataque.

Armador Jogador cuja função é organizar lances de ataque do meio de campo. Apoiador.

Arqueiro Goleiro.

Arrancada individual Jogador que numa ação inesperada parte em alta velocidade rumo ao gol adversário.

Arranca-toco Usado no sentido pejorativo, é o jogo de várzea sem o mínimo de condições técnicas, devido à possível existência de *tocos* nos campos rústicos, os quais seriam arrancados. Pelada.

Arrematar Chutar a gol, concluir uma ação ofensiva.

Arrumar a casa Ato do treinador ou dos próprios jogadores reformularem e reforçarem taticamente o time colocando ordem e tranquilizando a equipe.

Aspirante Jogador de categorias inferiores ou de outro clube que procura atingir a equipe principal.

Avenida Corredor aberto por erro do zagueiro que marca de modo ineficiente e por quem os adversários passam com facilidade no ataque.

Baile Jogo vencido com extrema facilidade. O time que está vencendo troca passes e enfeita as jogadas, sem forçar os ataques e aproveita da passividade do adversário.

Bandeirinha Auxiliar do juiz que corre nas laterais do campo e acena com uma bandeira pequena para indicar as infrações que observou.

Bandeja Dar ou receber a bola com facilidade e precisão. Lançamento perfeito. "Dar de bandeja" e "Receber na bandeja".

Barreira Obstáculo formado por grupo de jogadores que se organiza em linha entre o gol e a bola para dificultar o chute até o goleiro.

Batedor Jogador encarregado de bater os tiros livres a favor de sua equipe.

Bate-pronto Chute dado de modo rápido no exato momento em que a bola mal toca no chão.

Beque Jogador que atua mais próximo ao goleiro, jogador de defesa, zagueiro.

Bicão Chute forte dado com o bico (ponta) da chuteira.

Bicicleta Verdadeiro lance acrobático em que o jogador, tendo atrás de si o gol adversário, salta, e, de costas para o chão, chuta a bola por cima da cabeça.

Bicho Gratificação paga, a critério do clube, aos jogadores e ao técnico (e, em certo casos, a outros da comissão técnica) por um resultado favorável obtido numa partida ou num torneio.

Boleiro Designação pejorativa do jogador profissional de futebol.

Borderô Controle em que se registra a arrecadação de uma partida.

Calendário Tabela com as datas em que serão disputados jogos de um campeonato ou torneio.

Cama de gato Recurso desleal, feito no momento da disputa de bola, em que o jogador simula saltar e, com o corpo, desequilibra o adversário pelas costas.

Cambista Aquele que vende ingressos para jogos, em geral por preços acima da tabela. O cambista faz um comércio ilegal de ingressos.

Canarinho Designativo da seleção brasileira, devido à cor amarelo-ouro das suas camisas, que lembra a do canário-da-terra.

Caneco Qualquer troféu ou taça que o clube (ou mesmo a seleção brasileira) recebe ao vencer um torneio ou campeonato.

Capitão Jogador que representa o time perante o juiz sempre que este solicitar. Usa uma braçadeira na camisa que o identifica.

Carrinho Forma de desarmar o adversário e de atingir a bola, feita pelo jogador que se atira ao solo e desliza como se estivesse sentado ou parcialmente deitado na grama.

Cartão Pedaço retangular de cartão colorido que o juiz exibe ao jogador e que, pela cor, indica um tipo de punição. Pode ser amarelo: advertência, ameaça de expulsão; ou vermelho: expulsão de campo.

Cartola Dirigente ou ex-dirigente de um clube ou federação.

Casa Usado na expressão jogar "em casa", a qual designa o campo, a localidade ou o país de um time.

Catimba É a pura malandragem do jogador usada para irritar o adversário ou tumultuar o jogo, mas é de difícil punição. Pode ser usada como fazer cera, simular contusão e até esboçar reclamações.

Cavar Através de simulação conseguir uma falta perto do gol ou até a marcação de um pênalti.

Centroavante Jogador que se desloca pelo centro do seu campo de ataque.

Cera Forma de fazer passar tempo ou retardar o ritmo de jogo para tirar proveito da vantagem do marcador ou resultado. A cera pode ser feita na forma de demorar para chutar a bola, fingir estar machucado, chutar a bola para fora do campo etc.

Chapéu Tipo de jogada na qual a bola é chutada por cima do adversário e recuperada logo adiante.

Chicotada Tipo de jogada na qual o jogador, estando de lado para o ponto que visa, chuta, no ar, uma bola à altura do tórax.

Chuveirinho Passe alto dado sobre a área adversária.

Chuveiro Ir para o chuveiro mais cedo: ser expulso.

Clássico Jogo entre grandes clubes tradicionalmente rivais.

Círculo central Demarca o centro do campo do jogo.

Cobertura Ato de cobrir ou proteger a área defendida por um companheiro quando este sofre o risco de ser sobrepujado pelo adversário. Designação do chute ou do passe pelo alto, que cobre um ou mais adversários. É proteger a área defendida por um companheiro quando este está atacando; chute ou do passe pelo alto que cobre um ou mais adversários.

Coletivo. Treinamento no qual são formados dois times que disputam uma partida com interrupções por parte do técnico, para substituições, trocas de posições, ensaios de jogada etc.

Comer grama Cair no gramado após ser driblado.

Contra-ataque É um tipo de jogada que surpreende o adversário porque parte rapidamente de uma posição defensiva para o ataque.

Corneta. Indivíduo que tenciona participar da direção de seu clube ou recuperar prestígio perdido e que, para isso confabula, espalha boatos, intrigas etc. É o chamado "corneteiro".

Corta-luz Deixada. Consiste em se colocar entre o adversário e o companheiro que vai chutar, iludindo aquele ao deixar a bola passar.

Corrupio Ação em que o jogador, de posse da bola, tenta se livrar da marcação do adversário dando um giro sobre si mesmo e ainda prosseguir com a bola.

Costurar Executar uma série de passes curtos e rápidos, como se fossem pontos de uma máquina de costura.

Cruzar Chutar de um dos lados do campo em direção ao outro (chute cruzado).

Curinga Jogador que tem capacidade de jogar em várias posições de um time.

Diagonal Linha imaginária que divide o campo no sentido de sua extensão, de um córner a outro. Trajeto que os juízes percorrem para acompanhar os lances de um jogo.

Dividida Disputar uma bola em igualdade de condições com um adversário. Diz-se da bola que tem de ser disputada por dois adversários, frente a frente, em igualdade de condições, e com risco de choque corporal.

Doping Administrar ilicitamente uma droga estimulante para aumentar a capacidade de atuação do jogador.

Driblar Enganar um ou mais adversários mediante movimentos de corpo, com ou sem bola; fintar.

Drible da vaca O jogador lança a bola por um lado e corre pelo outro para recuperá-la adiante.

Duro Jogada disputada em igualdade de condições. Entrar duro para disputar a bola sem considerar se o adversário será ou não atingido.

Embaixada Série de chutes curtos que se dá na bola sem que ela e o pé toquem o chão.

Emendar Receber a bola e chutá-la ou cabeceá-la em um único toque antes de ela tocar no chão.

Escanteio Córner. Infração que consiste em o jogador arremessar a bola para fora, pela linha de fundo do meio-campo do seu próprio time. Penalidade correspondente a esse tipo de infração e cobrada por meio de um chute livre, na marca indicada por bandeiras situadas nos vértices dos ângulos formados pelas linhas de fundo do campo com suas laterais.

Espalmar O goleiro desviar com a palma da mão a bola chutada na direção do seu gol.

Esquema Tática que o time usará em campo elaborada pelo treinador da equipe.

Etapa Um dos dois tempos de um jogo; meio-tempo.

Expulsão Ato pelo qual o juiz faz retirar de campo, de forma irrevogável e até o final do jogo, o jogador que cometeu falta ou ato considerado grave.

Finta Ginga do corpo e bola diante de um adversário. Drible.

Firula Jogada complexa que exige grande técnica, embora não necessariamente vise resultado prático, feita mais para agradar à torcida.

Fominha Jogador que não passa a bola, egoísta. Prefere os lances individuais a colaborar com os companheiros.

Forquilha Qualquer um dos dois ângulos internos e superiores da baliza do gol.

Fosso Espécie de vala funda presente em alguns estádios, à frente do alambrado, destinada a impedir o acesso do público ao campo.

Frango Também chamamdo de peru é uma falha flagrante do goleiro que permite a marcação de um gol facilmente defensável. É um vexame para o goleiro.

Fungar no cangote Correr quase colado às costas do adversário.

Furada Errar, falhar num chute.

Gato Jogador que diminui a idade em seus documentos para participar de partidas em que há limite de idade. O outro signifcado é goleiro ágil, rápido.

Geral Parte do estádio desprovida de arquibancadas e de cobertura, de onde se assiste ao jogo de pé e ao nível do campo.

Gravata Infração que consiste em segurar o adversário pelo pescoço com o antebraço.

Infração Qualquer desrespeito às regras estabelecidas; falta.

Intermediária Zona imaginária, compreendida entre o limite de cada uma das grandes áreas e o centro do campo.

Invicto Sem derrota nenhuma.

Lançamento Lançar a bola, de média ou longa distância, para o companheiro.

Lanterna Aquele que ocupa a última colocação num torneio ou campeonato.

Lençol Lance no qual o jogador encobre seu adversário e recolhe a bola mais adiante, com a distância maior do que no chapéu.

Líbero Jogador que atua livremente, fazendo cobertura defensiva e partindo para auxiliar o ataque.

Marcador Jogador que assinala gols para um time. Jogador que vigia os movimentos do adversário e procura tomar-lhe a bola.

Mascarado. Jogador que até tem bom nível técnico, mas que é vaidoso e desinteressado dos lances do jogo. Demonstração de superioridade e exibicionismo.

Meta Conjunto formado pelas traves e travessão que o delimitam. Gol.

Misto Diz-se do time formado com jogadores titulares, reservas, em experiência, juvenis etc.

Negra Última partida de uma série decisiva.

Obstrução Infração que consiste em impedir que um adversário alcance a bola, usando para isso os braços ou o corpo, mas sem segurá-lo ou empurrá-lo.

Olé Exclamação da torcida para a série de dribles ou de lances feitos por um jogador ou por um time, na qual o adversário fica desnorteado.

Olheiro Espécie de espião que observa a atuação de jogadores, treinos e táticas do adversário. O olheiro também busca novos talentos (jogadores) para o clube.

Passe Ato de passar ou entregar a bola a um companheiro. Documento pelo qual um indivíduo cede a um clube, com exclusividade, seus serviços de jogador profissional de futebol.

Pau Qualquer das traves do gol.

Paulistinha Pancada na coxa com o joelho.

Peixinho Mergulho que o jogador efetua para cabecear uma bola e no qual geralmente vai de peito no gramado.

Pelota Bola.

Penalidade Punição que o juiz aplica a um time por haver um ou mais jogadores do mesmo desrespeitado, em dado momento, qualquer das regras do futebol. Máxima: pênalti.

Pênalti Infração cometida dentro da grande área pelo time que defende em cima de um jogador do time que ataca. O pênalti é cobrado por um chute livre, direto, a ser defendido apenas pelo goleiro.

Preliminar Jogo que antecede a partida principal.

Pré-Olímpico Relativo a jogos realizados antes de uma olimpíada, visando à classificação para ela.

Prensada Bola chutada quase ao mesmo tempo por dois jogadores.

Prorrogação Consiste em estender o tempo determinado de uma partida, depois do tempo regulamentar, para que haja desempate ou uma decisão de campeonato ou torneio.

Quadrado Grupo de jogadores organizados em forma de quadrado que conquistam a área do campo dominada pelo adversário.

Quíper Goleiro.

Rechaço Chute forte para eliminar de vez a pressão sofrida pelo ataque.

Retranca Sistema tático no qual a grande maioria dos jogadores atua na defesa, com poucos ataques. Defesa em bloco para sair no contra-ataque.

Returno Segundo turno.

Rodada Série de jogos que, conforme a tabela de um campeonato ou torneio, está reunida em uma ou duas datas próximas.

Rolo compressor Tática adotada por um time para atacar em bloco o tempo todo da partida.

Saldo de gols Diferença entre os gols marcados e os gols sofridos por uma equipe.

Semicírculo Meia-lua. Trajetória da bola que decorre de chute com efeito em curva.

Sistema Conjunto de normas táticas adotadas na armação de uma equipe e treinadas com antecedência para que os jogadores utilizem em campo.

Sobrepasso Infração cometida pelo goleiro quando, no interior de sua área, dá mais de quatro passos com a bola nas mãos ou quicando-a no campo. Esta infração é punida com tiro livre indireto.

Suar a camisa Disputar uma partida com garra, raça e paixão. "O jogador suou a camisa naquela final."

Súmula Documento oficial elaborado pelo juiz da partida com as principais ocorrências do jogo, como substituições, cartões amarelos e vermelhos, gols etc.

Tabela Jogada em que dois ou mais jogadores trocam passes entre si. Outro significado é a relação dos jogos, datas e locais de um campeonato ou torneio.

Tabelinha O mesmo que tabela, mas com troca de passes a curta distância e a grande velocidade.

Tabu Tempo determinado em que um time não conquista um título e há uma superstição em relação a longo período em que uma equipe permanece sem vencer. Também significa eventos ocorridos no clube envolvendo situações inusitadas.

Tática Estratégia de movimentação e posicionamento dos jogadores em campo, quer para um jogo, quer para períodos dele.

Telegrafar Fazer um passe ou jogada de maneira tão previsível que o adversário percebe.

Tesoura Lance irregular em que o jogador prende a perna ou o corpo do adversário com suas próprias pernas como se fosse uma tesoura. Este movimento de cortar impede a escapada do adversário com a bola.

Tiro de meta Forma oficial de recolocar a bola em jogo quando ela sai de campo pela linha de fundo, enviada por um atacante.

Toque Contato deliberado com a mão na bola. Passe curto.

Trave Cada um dos postes laterais do gol.

Travessão Espécie trave que une os postes laterais e delimita a altura do gol.

Trivela Chute de curva, com efeito.

Turno Série de jogos que formam uma das etapas de um campeonato ou torneio.

Várzea Nome popular dado aos campos de futebol localizados em terrenos baldios dos subúrbios e utilizados por clubes ou times de amadores.

Virada Reação do time que está perdendo e que passa à frente do placar.

Basquete

*"Vocês já viram muitos jogadores melhores que eu.
Mas não vão ver nenhum que tenha treinado mais e que
tenha tanta obstinação pelo basquete quanto eu."*
Oscar Schmidt

Air ball Quando a bola arremessada não entra na cesta, não toca no aro ou na tabela.

Armador É o cérebro da equipe. Jogadores que organizam e armam as jogadas.

Arremesso Quando o jogador tenta acertar a bola na cesta.

Assistência Passar a bola a um companheiro que está em melhor posição para o arremesso e que resulta em cesta.

Bandeja Arremesso feito em suspensão, em movimento, que pode ser feito com passe ou driblando e oferece menor possibilidade de erro, pois é executado nas proximidades do aro.

Bico Quando a bola arremessada bate na parte anterior do aro e não entra na cesta.

Bola ao alto Dá início à partida e também ocorre quando o juiz a põe em jogo, entre dois jogadores adversários.

Bola em jogo Ocorre após a cobrança do segundo ou terceiro lance livre. Neste momento, os jogadores estão liberados para tentar recuperar o rebote, caso o arremesso não se converta em cesta.

Bola morta Ocorre no momento da cobrança de um lance livre, na primeira cobrança (ou também na segunda, se for uma falta em arremesso de três pontos). Na bola morta, os jogadores do time faltoso não podem tentar atrapalhar o arremesso do adversário ou tentar o rebote.

CBB Confederação Brasileira de Basquete.

Cesta Quando a bola arremessada passa pelo aro, entra descendo pela cesta e faz a equipe marcar ponto. Se o arremesso for feito antes da linha colocada à frente do garrafão, a cesta valerá três pontos.

Cesta de chuá Quando a bola arremessada entra na cesta sem tocar na tabela e no aro.

Círculo central Local da quadra onde se inicia o jogo.

Corta-luz Quando o atacante sem bola se desloca em direção ao companheiro com bola, a fim de realizar um bloqueio no defensor.

Enterrada Colocar a bola na cesta, enterrando-a.

Falta Infração que envolva contato pessoal com um adversário ou comportamento antidesportivo.

Falta intencional Atualmente é chamada de falta antidesportiva, quando um jogador interrompe propositalmente a sequência de uma jogada. É punida com a cobrança de dois lances livres e a posse de bola para o adversário que sofreu a falta.

Falta técnica Ocorre geralmente por causa de uma reclamação excessiva do técnico ou de um jogador. Pode ocorrer também no caso de desentendimento de dois jogadores. É punida com a cobrança de lances livres.

Fiba Federação Internacional de Basquete Amador.

Finta Movimentos que o jogador realiza para enganar e desequilibrar o adversário.

Garrafão Área onde está localizada a tabela e a cesta. É nesta mesma área em que são cobrados os tiros livres, ocorridos nas faltas. Não é permitido a um jogador de ataque que permaneça mais de três segundos parado dentro do garrafão. Se passar deste tempo, será marcada uma violação e a posse de bola retorna ao time adversário.

Jump Arremesso executado durante o salto.

Lance-livre É igual ao arremesso com uma das mãos, efetuado da linha do lance-livre, sem marcação e com cinco segundos para a execução.

Ligar Na jogada de contra-ataque, jogar a bola da defesa para o companheiro no ataque.

Marcação homem a homem Quando, na defesa, a marcação é feita de um jogador contra o outro.

Marcação por zona Quando os defensores de uma equipe deslocam-se de acordo com a movimentação da bola para guardar a zona da quadra pela qual são responsáveis.

NBA Liga de Basquete Americana (*National Basketball Association*).

Passe Fundamento que constitui em uma maneira de levar a bola de um ponto a outro da quadra, sem violar as regras do jogo.

Pivô Jogadores, normalmente os mais altos da equipe, que se colocam embaixo da tabela e que costumam levar a melhor na briga pelos rebotes ofensivos e defensivos. São os pivôs também que têm o maior índice de aproveitamento nos tocos.

Ponte-aérea Na assistência, lançar a bola alta para o jogador completar a jogada com uma enterrada.

Rebote Partindo da posição de guarda, o jogador da defesa procura, mediante um trabalho de pernas, evitar que o adversário tome sua frente para o rebote.

Sanduíche Quando dois defensores pressionam um atacante, não permitindo a recepção da bola.

Toco Quando no ato de arremessar, um jogador é bloqueado legalmente por outro do time adversário.

Violação Infração às regras, punida com a perda da bola, que será entregue ao adversário mais próximo para a cobrança de um lateral próximo ao lugar em que ocorreu a violação.

Zona morta Zona lateral da quadra na qual o jogador que arremessa não conta com a ajuda da tabela.

Vôlei

"Não somos os melhores, estamos os melhores do mundo."
Bernardinho

Antenas São consideradas parte integrante da rede e delimitam lateralmente o espaço de cruzamento acima da rede. A antena é uma vara flexível, fixada na parte externa das faixas laterais, em cada lado da rede.

Ataque Fundamento do jogo que finaliza toda a ação ofensiva.

Avião Cortada errada em que a bola sai muito alta, caindo fora da quadra.

Bater O mesmo que executar a cortada.

Bola dentro Considera-se a bola "dentro" quando toca o piso da quadra de jogo, até mesmo nas suas linhas de delimitação.

Bloqueio Ação dos jogadores, posicionados perto da rede, de interceptar a bola vinda da quadra adversária, por cima da parte superior da rede. Pode ser individual, duplo ou triplo.

Block O mesmo que bloquear.

Caixote ou caixão Bloqueio efetuado com sucesso.

Capitão Ao lado do técnico, é o responsável pela conduta e disciplina de todos os membros de sua equipe. Somente o capitão da equipe está autorizado a dirigir-se aos árbitros para solicitar explicações na aplicação ou interpretação das regras.

CBV Confederação Brasileira de Vôlei.

Cortada Consiste em um rápido golpe na bola, com a intenção de fazê-la cair no campo adversário.

Cortada na diagonal Executar uma cortada numa direção paralela à linha lateral da quadra.

Defesa Ação de recuperar as bolas vindas do ataque adversário que ultrapassam o bloqueio e de criar condições para o contra-ataque.

Largada Finta individual. O jogador realiza todo o movimento da cortada, mas no contato com a bola para o movimento do braço, tocando-a suavemente com as pontas dos dedos.

Largada de segunda O levantador larga a bola e surpreende o adversário. Em vez do levantador preparar a jogada de ataque, lança a bola para a quadra adversária, provocando um ataque inesperado.

Levantador Jogador que faz a armação das jogadas por meio do levantamento, ou seja, colocação da bola em condições favoráveis para a execução do ataque. É o jogador em quadra que mais participa das ações do jogo.

Líbero Cada equipe tem o direito, dentro da lista dos 12 jogadores relacionados, de designar um jogador especializado na defesa chamado de *líbero*. O líbero deve usar um uniforme de cor diferente, contrastante com os outros jogadores da equipe.

Manchete Fundamento utilizado para a recepção do saque e para defender cortadas. Os braços do jogador devem estar estendidos, projetados para frente, e as mãos unidas.

Medalha Quando o jogador da equipe adversária é atingido violentamente no peito pela bola, após um ataque bem executado.

Mergulho Recurso de queda utilizado quando a bola não pode ser recuperada em condições de equilíbrio.

Mina Ponto falho do adversário que deverá ser explorado.

Passe Usado na recepção da primeira bola, em manchete ou toque por cima, ou na preparação do ataque, com o levantamento da bola.

Peixinho Mergulho frontal.

Rally sequência de ações de jogadas do toque no saque, até o momento em que a bola estiver fora de jogo.

Rodízio Mudança obrigatória de posições que segue a direção do ponteiro de um relógio.

Saque Ação de colocar a bola em jogo. O saque é a primeira jogada de uma partida.

Saque "jornada nas estrelas" Ação de sacar a bola para o alto com a maior força possível. O saque jornada do ex-jogador Bernard chegava a uma altura de mais ou menos 25m e descia a uma velocidade de 72km/h.

Saque "viagem ao fundo do mar" Saque muito forte graças à realização do saque como se fosse uma cortada. O objetivo é explorar o fundo da quadra adversária.

Set Equivale a 25 pontos. A equipe que primeiro atingir 25 pontos ganha o *set*. Exceto o decisivo (quinto *set*).

Tapinha Acontece durante o mergulho com o dorso da mão impulsionando a bola para cima.

Tática Maneira como a equipe dispõe seus jogadores e a forma como vão jogar.

Toque Utilizado para dar o passe.

Vareta O mesmo que antena.

Tênis

"O sentimento de compartilhar a vida de outros atletas é uma coisa abstrata, mas bem legal. Em grupo, a vitória parece ser maior, e a derrota, mais dolorida."
Gustavo Kuerten

Ace Ponto direto de saque. O recebedor não consegue sequer tocar a raquete na bola.

Approach Forte golpe que o tenista executa para chegar a rede e tentar um voleio.

ATP Associação dos Tenistas Profissionais.

ATP **Tour** Circuito internacional de tênis profissional masculino, que tem quatro tipos de torneio: Torneios da "Série Masters", "International Series", "Championship Series" e "World Series" e "Tennis Masters Cup".

Backhand Golpe executado com o dorso da mão virado para frente. Pode ser executado com uma ou com duas mãos.

Break Quebra. É a quebra do saque do adversário.

Break-point Ponto em que um jogador tem a chance de fechar o *game* no saque do adversário.

Cabeça de chave Jogadores que por terem melhor colocação no *ranking* de entradas ocupam posições estratégicas nas chaves dos torneios, de forma a não se encontrarem nas primeiras rodadas.

Carpete Tipo de superfície, que pode ser de borracha, instalada em quadras cobertas muito rápidas.

Challenger Espécie de segunda divisão do tênis, para jogadores sem *ranking* suficiente para disputar as principais competições. É o quarto torneio em importância na ATP.

Chave Tabela que determina a disposição dos tenistas, os cruzamentos e a sequência de jogos de um torneio que podem ser de 32, 48, 56, 64 ou 128 jogadores.

Copa Davis Competição masculina eliminatória e anual entre nações. Não conta pontos nos rankings.

Corredor Retângulo lateral que percorre a quadra e só é utilizado em jogos de duplas, para aumentar a extensão da área da quadra.

Corrida dos campeões *Ranking* da ATP que só leva em conta os melhores resultados de uma única temporada. É composto obrigatoriamente pelos resultados dos quatro Grand Slams, dos nove Masters Series e mais os cinco melhores resultados em torneios da série ATP Tour.

Cruzada Bola lançada para o outro lado da quadra na diagonal.

Deixadinha O mesmo que *drop shot*. Bola curta que cai na quadra do adversário bem junto à rede. Conhecido também como deixadinha ou curtinha.

Dupla falta Quando o tenista erra os dois saques seguidos e, por isso, dá o ponto ao adversário.

Empunhadura Forma, estilo de pegar na raquete que cada tenista possui.

Erro não forçado Quando o tenista comete um erro, sem que tenha sido após uma bola forçada do adversário, um erro em uma bola fácil.

Federation Cup (Fed Cup) É a versão feminina da Copa Davis, também disputada por eliminatórias regionais e uma elite mundial de equipes.

Fita Colocada na parte mais alta da rede, é feita normalmente de plástico branco, que ajuda a sustentá-la reta de um lado a outro da quadra. Quando o saque a toca e cai para o outro lado da quadra, dentro do quadrado do saque, ocorre a marcação do *let*, ou seja, a repetição do serviço do tenista.

Foot fault Falta que acontece quando o tenista pisa na linha de fundo antes de bater na bola com a raquete.

Forehand Golpe ou batida executada com a palma da mão virada para fora.

Future Torneio que geralmente os tenistas em início de carreira disputam. Está em quinto lugar em importância no circuito.

Game Série de pontos disputados no saque de um mesmo jogador. Para vencê-lo é necessário conquistar quatro pontos e, quando isso ocorre, o outro jogador passa a sacar.

Game point Ponto que pode encerrar um *game*.

Grand Slam Formado pelos quatro mais importantes torneios: Wimbledon, Roland Garros, US Open e Aberto da Austrália. Todo tenista sonha em vencer um Grand Slam.

Iguais Igualdade de pontos ao final de um *game*, a partir de 40/40.

Indoor Quadra coberta. Muito utilizados para a disputa de torneios durante o inverno europeu.

ITF Federação Internacional de Tênis.

Juiz de linha Assistentes do juiz de cadeira, responsáveis por guardar as linhas da quadra e cantar as bolas que saem.

Lob Golpe dado sobre o adversário quando ele está próximo da rede e caindo no fundo da quadra.

Lucky loser Tenista que não consegue se classificar no *qualifying*, mas recebe uma vaga na chave principal de um torneio devido a uma desistência de última hora e por ser, dentre os derrotados, o de melhor *ranking*.

Masters Series Segunda série mais importante de torneios do circuito, atrás apenas do Grand Slams.

Masters Cup Torneio que encerra o ano do tênis e define o número um do mundo ao final da temporada.

Match-point Ponto que pode encerrar uma partida.

Paralela Bola que é lançada em linha reta, geralmente de forma paralela à linha lateral e que surpreende o adversário, após sequência de bolas cruzadas.

Passada Bola em que o adversário está subindo à rede e é surpreendido numa cruzada ou paralela.

Quadra central A principal quadra de um complexo tenístico. Palco das estrelas dos eventos, as internacionais e as locais.

Quadrado. Primeira metade da quadra, junto à rede, que é dividida em dois quadrados.

Qualifier Jogador que por não ter *ranking* bom o bastante para entrar na chave principal de um torneio, é obrigado a disputar o torneio de qualificação para poder se classificar para a chave principal.

Qualifying Torneio de classificação para jogadores que não têm *ranking* suficiente para entrar diretamente na chave principal de um torneio.

Ranking Classificação dos tenistas de acordo com os pontos ganhos em torneios.

Ranking **de entradas** *Ranking* antigo da ATP. Leva em conta os pontos ganhos nas últimas 52 semanas do circuito e serve para determinar a entrada dos jogadores nos torneios. A cada semana, o 52º resultado cai e deve ser substituído por um novo. Por isso, diz-se que o jogador defende os pontos do ano anterior.

Saibro Piso de terra batida que torna a quadra muito mais lenta.

Saque Golpe que dá início à disputa de um ponto e coloca a bola em jogo.

Set Série de *games* de um jogo. Um jogador vence um *set* quando ganha seis *games* ou sete, se houver empate em 5/5.

Set-point Ponto que pode ser o último do *set*.

Slice Efeito utilizado principalmente no golpe de *backhand*. Quando o jogador rebate a bola com a raquete enviesada, colocando um efeito horizontal no lance.

Smash Golpe usado geralmente junto à rede, com o mesmo movimento do saque, como uma cortada de vôlei.

Spin Efeito que imprime uma rotação à bola.

Subida de rede Jogada em que o tenista corre para junto da rede, geralmente num voleio, para decidir um ponto.

Tie-break Game decisivo, jogado no 6/6, até sete pontos, no mínimo com dois pontos de diferença, que decide o vencedor de um *set*. Foi a maior mudança deste século nas regras do tênis.

Vantagem Pode ser a favor ou contra, dependendo de quem estiver sacando. Para desempatar um *game* que está em 40/40, o tenista precisa ganhar dois pontos seguidos: o primeiro deles é chamado de vantagem.

Voleio Golpe em que o tenista rebate a bola antes que ela toque o chão da quadra.

Wild card Convite que um jogador recebe dos organizadores para disputar um torneio, mesmo sem ter *ranking* suficiente para estar na chave ou ter participado do *qualifying*.

WTA Associação das Mulheres Tenistas. Versão feminina da ATP, que exerce o mesmo papel na organização de *rankings* e torneios femininos, com exceção dos Grand Slams e da Fed Cup.

Automobilismo

"A Indy é um brinquedo para velho aposentado, como eu."
Nelson Piquet

Aerodinâmica Estudo das forças que envolvem o objeto, no caso o carro, que se desloca no ar.

Aerofólio Peça com função aerodinâmica, que deve manter o carro pressionado contra o solo, ajudando a contornar as curvas.

Aquaplanagem Acontece quando as rodas do carro passam quase a flutuar sobre a água acumulada na pista, perdendo aderência e deixando o piloto sem controle. É como se o carro estivesse esquiando na água.

Abandono Quando um carro tem de sair da corrida por causa de um acidente ou uma falha mecânica.

Aquecedor de pneus É uma espécie de cobertor elétrico que cobre os pneus antes de eles serem instalados no carro. Serve para aproximar e manter a temperatura ideal do pneu para a corrida.

Boxes Área separada da pista, parecida com uma garagem, que cada equipe possui. Nos boxes são feitas mudanças de acertos durante os treinos ou qualificação, reabastecimento durante a corrida etc.

Bandeja inferior Um braço da suspensão, que sai da roda e vai até a parte inferior do amortecedor, no qual após a roda passar por uma ondulação este braço puxa o amortecedor para cima.

Bandeja superior Um braço da suspensão, que sai da roda e vai até a parte superior do amortecedor, no qual após a roda passar por uma ondulação este braço empurra o amortecedor para baixo.

Barra estabilizadora Uma parte da suspensão colocada para prevenir derrapagens.

Braço-duro Gíria usada para identificar os pilotos que só andam no pelotão final da largada e aqueles que sempre chegam nas últimas colocações.

Cockpit Local do chassi que o piloto senta e guia o carro.

Chassi A principal parte de um carro de corrida, onde se colocam o motor e a suspensão.

Chicane Uma estreita sequência de curvas em direções alternadas. Normalmente colocadas em um circuito para diminuir a velocidade dos carros.

Carenagem A seção de fibra de carbono colocada sobre o monobloco antes dos carros deixarem os boxes, assim como a cobertura do motor, do *cockpit* e o cone do bico do carro.

Caixa preta O gravador de dados que ajuda os investigadores a coletarem informações caso ocorra um acidente.

Caixa de ar O receptáculo de ar localizado acima da cabeça do piloto, que capta ar para o motor.

Caixa de brita É repleta de pedrinhas que servem para frear o carro. Colocada na parte externa das curvas, tem a função de parar os carros, fazer com que percam a aceleração, quando saem da pista.

Câmbio semiautomático Com este câmbio as marchas foram parar no volante. Não é preciso usar uma alavanca de câmbio ou o pedal da embreagem.

Comissário Um dos três oficiais em cada Grande Prêmio, apontado para tomar decisões em caso de mal-comportamento do piloto ou irregularidades mecânicas.

Controle de tração Sistema que detecta se as rodas traseiras de um carro estão perdendo tração, e através de computador transfere mais potência às rodas.

Composto de pneu O tipo de borracha usado na fabricação de um pneu, variando de macio, por médio até duro, com cada um oferecendo características diferentes de performance e desgaste.

Curva-*flat* Gíria usada entre os pilotos que indica quando uma curva é feita muito rápido e sem o piloto colocar o pé no freio.

Defletor Aparato lateral que sai dos lados do monobloco, ao lado do piloto, e vai até a asa traseira, e desempenha um papel importante na aerodinâmica do carro.

Drive through Punição para quem queima a largada ou a faixa que marca a saída da área dos boxes para a pista. A punição obriga o piloto a passar por dentro da área de boxes, fazendo-o perder tempo.

Equipe de testes Equipes que conduzem os programas de testes na semana após cada competição, permitindo que a equipe principal descanse.

Efeito solo Técnica aerodinâmica que resulta do fato das laterais do carro selarem o ar debaixo dele, criando uma área de pressão negativa, que suga o veículo para baixo, aumentando a pressão aerodinâmica proveniente das asas.

Equilíbrio dos freios Botão no *cockpit* que altera a divisão dos freios do carro entre a frente e a traseira.

Fiscal Oficial da competição que deve agitar bandeiras para informar aos pilotos sobre algum perigo na pista. Também tem a função de tirar carros abandonados e seus pilotos de posições perigosas ao redor do circuito.

FIA Federação Internacional de Automobilismo. É o órgão que regulamenta o automobilismo.

Formação de bolhas O que acontece aos pneus quando eles desgastaram demais, principalmente quando enfrentam altas temperaturas.

Grid Formação dos carros antes da largada.

Levantamento O oposto de pressão aerodinâmica, quando o fluxo de ar sob o bico, laterais e asas tentam levantar o carro da pista.

Lastros: Fixados ao redor do carro para maximizar o equilíbrio e deixar o veículo com o limite mínimo de peso.

Largada empurrada Quando um carro é empurrado pelos fiscais, para que o motor pegue no tranco. Este artifício só é válido quando o veículo não apresenta perigo aos outros da competição.

Largada queimada Quando o piloto coloca o carro em movimento antes do sinal verde de largada da competição. Os sensores detectam qualquer movimento prematuro e a antecipação pode ocasionar uma punição de dez segundos ao piloto.

Meia-asa Pequeno aerofólio colocado atrás da cabeça dos pilotos, acima da asa traseira.

Monobloco Única peça onde o *cockpit* está com o motor preso atrás dele e a suspensão em cada lado.

Motorhome São caminhões transformados e que servem de apoio para o piloto descansar, trocar de roupa durante as competições.

Pacto de Concorde Documento assinado no qual os construtores se propõem a cumprir com as regras da Fórmula 1.

Paddock Área VIP do autódromo, fechada ao público em geral e reservada para convidados, patrocinadores e onde as equipes mantêm seus *motorhomes*.

Parque fechado Área cercada em que os carros são deixados após a corrida, onde nenhum membro de equipe poderá tocá-los até que eles sejam cuidadosamente examinados.

Pirulito Placa que sinaliza, nos boxes, se o carro pode partir ou não.

Pit stop Parada programada nos boxes.

Pit lane é a faixa de rolagem onde os carros circulam na área dos boxes. É a frente dos boxes.

Pole position O primeiro lugar no *grid* de largada. Conquista o piloto que faz o melhor tempo no treino oficial.

Protesto O que uma equipe faz quando acha que outra equipe ou competidor transgrediu as regras.

Pneu biscoito Pneu feito com sulcos porosos para melhor aderência do carro na pista quando chove.

Pneu *slick* Pneu feito sem nenhum sulco. É muito bom na pista seca.

Safety car É o carro da organização que é chamado dos boxes para ficar à frente do líder da corrida, no caso de um problema que exija que os veículos andem mais lentos, como quando acontece algum acidente que esteja atrapalhando a prova.

Shakedown É o ajuste de todos os componentes do carro para começar nova temporada.

Spoiler São as asas ao lado do bico do carro.

Stop and go Punição a um piloto, que precisa ir para o boxe aguardar dez segundos e voltar para a prova.

Telemetria Sistema que coleta dados relacionados ao motor e ao chassi e os envia a computadores na garagem, para que os engenheiros possam monitorar o comportamento do carro. É um monitoramento feito por computador no motor e chassi do veículo e enviado para os engenheiros analisarem o desempenho do carro.

Tração Grau com o qual um carro consegue transferir sua potência na superfície da pista para seguir em frente.

Transponder Sensor colocado no carro para ativar um cronômetro ao lado da pista, que marca o tempo de volta e a velocidade do veículo.

Treino de qualificação Na Fórmula 1, são dois treinos no final de semana. A soma dos tempos define o *pole position*.

Treinos livres São períodos em que os pilotos saem para a pista trabalhando no acerto de seus carros, antes do treino oficial.

Trilho É a parte mais seca da pista quando está quase tudo molhado ou alagado por causa da chuva.

Vácuo Tática do piloto que quer ultrapassar. O piloto precisa ficar muito próximo do carro à sua frente e isso faz com que a resistência do ar diminua. Quando ele puxa o veículo para o lado, este ganha maior velocidade ao ultrapassar.

Volta de apresentação Volta antes da largada, quando os carros andam pela pista para formarem o *grid* de novo e finalmente largarem.

Volta de reconhecimento Os pilotos costumam fazer isso na primeira saída para um treino, testando funções como acelerador, freios, volantes.

Visores removíveis Tiras de plástico transparente que os pilotos colocam sobre o visor principal do capacete e que vão retirando conforme ficam sujas.

Warm-up Sessão de treino feita pela manhã no dia da corrida para ajustar os últimos acertos. É realizada com o tanque cheio.

Medicina

"Na medicina esportiva, tratamos diariamente craques que valem milhões, com extrema dedicação, e recebemos em troca apenas o carinho e a amizade dos atletas diferenciados."
Dr. Marco Antonio Bezerra

Afecção Qualquer acometimento, podendo também ter a conotação de doença.

Agudo Manifestação repentina dos sintomas de uma doença.

Alongamento Forma de trabalho que visa a manutenção dos níveis de flexibilidade obtidos e a realização dos movimentos de amplitude normal com o mínimo de restrição possível.

Aneurisma Dilatação anormal de artéria, provocada por arteriosclerose, inflamações ou traumatismos.

Trocando em miúdos • Medicina **151**

Arritmias Alterações súbitas na frequência ou no ritmo cardíaco; ritmo anormal e irregular do coração.

Artrite Inflamação na articulação, em geral decorrente de predisposição do organismo.

Artroscopia Exame do interior de uma articulação com o auxílio de um instrumento que permite a visualização e até algumas intervenções sem a necessidade de abertura cirúrgica.

Artrose Afecção, sem caráter inflamatório, de uma articulação. Doença degenerativa em uma articulação.

Atadura Faixa de pano com que se envolve a parte do corpo machucada.

Bacia Também chamada de pelve: parte inferior do tronco limitada pelos ossos ilíaco, sacro e cóccix.

Biópsia Retirada de um fragmento de tecido vivo para exames microscópicos e histológicos, com o objetivo de se estabelecer um diagnóstico.

Cãibra Contração involuntária e dolorosa de um músculo ou grupo de músculos, que ocorre principalmente na perna do jogador em ação, ocasionada por fadiga muscular.

Calcanhar A parte posterior do pé.

Calcificação Ossificação anormal dos tecidos orgânicos pelo depósito ou incrustação de sais de cálcio. Designação errônea da soldadura do osso após fratura.

Calo Endurecimento crônico da pele, algumas vezes muito doloroso, provocado por atrito continuado.

Canela Parte dianteira da perna, entre o pé e o joelho, e onde a crista da tíbia está muito próxima da pele.

Caneleira Proteção contra choque ou pancada. É colocada na parte anterior da perna (canela) para evitar cortes ou fraturas.

Cartilagem articular Tecido que reveste os ossos de uma articulação, permitindo o movimento deslizante sem atrito e sendo capaz de suportar grande pressão.

Cateter Tubo fino e oco, geralmente percutâneo, utilizado para infundir soluções, medir pressões ou desobstruir estruturas.

Cisto Cavidade fechada em forma de saco que contém secreções anormalmente bloqueadas. Pode se formar em várias partes do corpo.

Clavícula Osso situado na parte superior e anterior do tórax, à altura do ombro, que articula por um lado com a escápula e pelo outro com o esterno.

Contusão Efeito de contundir; lesão produzida em tecido vivo sem que haja rompimento da pele; por extensão, todo e qualquer mal físico – que atingir um jogador.

Cooper Designação de um método de treinamento físico que visa ao aumento da capacidade respiratória do atleta, criado por Kenneth Cooper.

Desfibrilador Aparelho usado no combate à parada cardíaca. Esse equipamento é portátil e, quando necessário, aplica um choque elétrico durante o ataque cardíaco para restabelecer o ritmo normal dos batimentos.

Desidratação Perda anormal de líquido do organismo. A desidratação começa quando a quantidade de líquidos ingerida é inferior àquela que é eliminada através da urina, da respiração, da transpiração e das fezes.

Destroncar Fazer sair da junta ou articulação; luxar.

Distensão Torção violenta dos ligamentos de uma articulação. Afrouxamento de um músculo.

Dopado Jogador com comportamento irregular diferente do usual em campo.

Doping Administrar ilicitamente uma droga estimulante para aumentar a capacidade de atuação do jogador.

Edema Acúmulo excessivo de líquido em espaços existentes nos tecidos do organismo

Ecocardiograma Exame realizado com um instrumento específico que registra e monitora o padrão de eco, produzidos por ondas ultrassônicas refletidas pelo coração.

Eletrocardiograma Exame realizado com um instrumento específico que registra e monitora as correntes elétricas que se originam do coração.

Entorse Traumatismo numa articulação, resultante de ruptura de ligamentos ou não.

Enxerto Procedimento que faz a transferência de determinado órgão ou tecido de um local para outro.

Ergometria Conhecido como teste de esforço (realizado em esteira ou em bicicleta ergométrica) para medir o esforço físico e os efeitos fisiológicos dos exercícios.

Estiramento Distensão muscular.

Facultativo Médico, doutor (usado por alguns locutores).

Falha óssea Falha da continuidade de um osso, com perda de massa óssea.

Fisioterapia Tratamento que utiliza massagem, exercício e aplicação de meios físicos como o calor, o frio, a luz, a água e a eletricidade, promovendo a recuperação das funções motoras e respiratórias do paciente.

Fissura Rachadura de um osso.

Fratura Quebra ou ruptura total ou parcial de um osso.

Frequência cardíaca Número de vezes que o coração bate ou completa um ciclo cardíaco em um minuto. A velocidade do coração é mais baixa quando está em repouso e aumenta quando o nível de atividade se intensifica.

Gesso Pó de origem mineral de que se faz uma pasta para embeber as faixas utilizadas na contenção de fraturas ou na imobilização de articulações.

Glúteo Relativo às nádegas. Grupo de músculos das nádegas, que vão do ilíaco à parte posterior do fêmur para fazer a ligação com a coxa.

Hérnia Condição que ocorre quando um tecido ou órgão sai de sua posição normal e pressiona tecidos ou órgãos vizinhos, causando a formação de um caroço ou tumoração.

Imobilização Ato de imobilizar uma ou mais articulações ou parte do corpo.

Infiltração Ato ou efeito de infiltrar. Deposição ou derrame anormal de um líquido nos tecidos do organismo.

Isquemia Diminuição ou supressão da irrigação sanguínea para determinada parte do organismo produzida por um bloqueio de artéria.

Joelheira Faixa elástica, inteiriça e almofadada para resguardar o joelho.

Joelho Articulação compreendida entre a coxa e a perna.

Lesão Designação geral de todas as alterações de um órgão ou funções de um indivíduo.

Ligamento Feixe de tecido fibroso que liga entre si os ossos articulados ou mantém as vísceras em seus devidos lugares.

Ligamento cruzado anterior Ligamento que se estende da tíbia até o côndilo lateral do fêmur.

Luxação Deslocamento ou saída, total ou parcial, da extremidade de um osso da sua cavidade articular, ou seja, perda das relações normais de uma articulação.

Maca Cama portátil para transportar jogadores acidentados em campo.

Massagem Compressão sistemática de certos músculos para obter benefícios terapêuticos.

Massagista Indivíduo que faz massagens nos jogadores e que durante os jogos presta outros serviços auxiliares.

Menisco Denominação de uma cartilagem fibromuscular em forma de crescente ou meio anel existente na articulação do fêmur com a tíbia. (O menisco pode ser extraído em casos de rompimento ou de lesões crônicas provocadas por torções violentas.)

Munhequeira Cinta elástica para proteger o punho.

Musculatura Conjunto dos músculos do corpo; vigor ou força muscular.

Músculo Órgão carnudo formado pela reunião de muitas fibras, que serve para operar os movimentos voluntários e involuntários do corpo.

Necrose Estado de um tecido resultante da morte de células.

Nutrientes Substâncias essenciais presentes nos alimentos que são fundamentais para o bom funcionamento do organismo. São exemplos de nutrientes os carboidratos, os lipídios, as proteínas, as vitaminas e os sais minerais.

Palmilha Chapa fina, em geral de espuma de borracha, que se acrescenta ao interior da chuteira para melhor adaptá-la ao pé.

Panturrilha É o oposto da canela, isto é, a região posterior da perna onde fica o músculo.

Peitoral Peito, tórax.

Perônio ou fíbula. Um dos dois ossos da perna. Localizado entre o joelho e o tornozelo.

Prótese Termo médico para designar um substituto artificial de qualquer parte do corpo, como dente, artéria, braço, joelho, etc.

Ressonância magnética É um exame moderno diferente da radiografia e da tomografia computadorizada, pois não utiliza radiação (raios x), e sim um forte campo magnético e ondas de rádio que permitem a formação de imagens. Não produz efeitos prejudiciais e permite ao médico radiologista examinar, com precisão, diferentes partes do corpo.

Rótula Osso em forma de disco à frente da articulação do joelho.

Ruptura Ato ou efeito de romper. Rompimento do tendão. A mais famosa é a ruptura do tendão rotuliano sofrida pelo jogador Ronaldo.

Sopro Som anormal dos batimentos cardíacos provocado pelo mau funcionamento de alguma válvula.

Tendão É a extremidade do músculo e está firmemente aderido ao osso para, quando o músculo se contrair, mover o osso.

Tendão patelar Tecido fibroso que liga a rótula à tuberosidade anterior da tíbia.

Tendão quadriceptal Tecido fibroso que liga o músculo quadríceps femural ao osso patela (rótula), na região anterior do joelho.

Tornozeleira Cinta de material elástico como o neoprene que é usado para dar firmeza ao tornozelo.

Tornozelo Articulação localizada entre a perna e o pé.

Virilha Parte do corpo que corresponde à junção da coxa com o ventre.

Direito

"O empresário que se diz ter o passe de jogador é traficante e deve ser denunciado por isso."
Marcílio Krieger

Administração Pública Desportiva Sistema de órgãos, serviços e agentes do Estado, bem como das demais pessoas coletivas públicas, que assegura em nome da coletividade a satisfação regular e contínua das necessidades coletivas no domínio da prática desportiva.

Atestado liberatório Ou passe livre. É o documento fornecido pela associação desportiva com quem o atleta profissional manteve contrato de trabalho, que assegura estar o atleta livre de qualquer vínculo contratual e, portanto, apto para adquirir a condição de jogo por outra associação.

Atleta amador É o praticante de qualquer modalidade desportiva, inclusive futebol de campo, sem receber nenhuma forma de remuneração ou de incentivos materiais. São amadores os atletas que participam das competições no âmbito dos desportos educacional e de participação, bem como os milhões de jogadores de todas as idades que participam de competições regulares ou eventuais promovidas pelos sistemas desportivos estaduais, distritais ou municipais.

Atleta não profissional É o que pratica qualquer modalidade desportiva, inclusive futebol de campo, mantendo ou não contrato de recebimento de incentivos materiais e/ou de patrocínio, desde que não haja contrato de trabalho entre as partes.

Atleta profissional Aquele cuja atividade se caracteriza pelo recebimento de remuneração pactuada em contrato formal de trabalho firmado com entidade de prática desportiva, pessoa jurídica de direito privado.

Autonomia desportiva É o princípio segundo o qual as pessoas físicas e jurídicas têm a faculdade e liberdade de se organizar para a prática desportiva sem a interferência estatal no seu funcionamento, desde que respeitado o princípio da soberania.

Cláusula penal É o dispositivo que prevê penalidade para o não cumprimento, no todo ou em parte, do contrato. A cláusula penal, no direito desportivo brasileiro, corresponde à indenização devida nos casos de rescisão contratual, seja por iniciativa do atleta, seja pelo clube, democratizando as relações entre as partes.

Condição de jogo Conjunto de circunstâncias específicas de que depende o atleta para que possa atuar validamente por determinada associação de prática desportiva.

Condição legal Nasce com o contrato de trabalho desportivo firmado entre atleta e associação. Desde a assinatura do contrato, surgem as relações trabalhistas entre as partes.

Direito de arena A transmissão de eventos desportivos pelas redes de televisão dá aos participantes o direito de receber um pagamento equivalente ao cachê que um artista recebe para participar de um espetáculo. O direito de arena não compreende o uso da imagem dos jogadores fora da situação específica do espetáculo, como na reprodução de fotografias para compor "álbum de figurinhas".

Direito desportivo É a parte ou ramo do direito que regula as relações desportivas, assim entendidas aquelas formadas pelas regras e normas internacionais e nacionais estabelecidas para cada modalidade, bem como as disposições relativas ao regulamento e à disciplina das competições.

Justiça desportiva É o aparelhamento político-administrativo-jurídico que aplica o Direito Desportivo aos casos de infração disciplinar às normas e regulamentos desportivos, bem como às transgressões das respectivas competições.

Multa contratual É a penalidade propriamente dita.

Norma É uma espécie de consequência da regra. Seu objetivo é o de explicitá-la ou atualizá-la no todo ou em parte, estabelecer preceitos para seu cumprimento. Inexistem normas se não existirem regras.

Normas gerais sobre desporto No plano do Direito Desportivo, as normas gerais podem ser definidas como aquelas que estabelecem as diretrizes aplicáveis indistintamente ao desporto nacional dentro dos princípios inseridos na Constituição Federal.

Princípios São as premissas, as normas básicas que, por disposição expressa da Lei Geral Sobre Desporto devem estar sempre presentes em todas as atividades relativas à prática desportiva.

Recepção No Direito Desportivo brasileiro significa o reconhecimento formal e obrigatório do conjunto das normas e regras próprias de cada modalidade desportiva.

Regra Chamada de "regra do jogo", é a base, o fundamento da modalidade desportiva, criada e instituída pela entidade diretiva internacional, que é o único organismo autorizado para introduzir-lhe alterações e impor coercitivamente seu cumprimento às entidades que lhe são filiadas, sob pena de desfiliação. A regra existe por si só, independentemente de qualquer norma.

Regras e normas desportivas São leis, princípios, preceitos relativos ao desporto ou a determinada modalidade desportiva.

Soberania É o poder supremo de um Estado, representado pela sua capacidade de organizar-se politicamente sem a interferência de outro Estado.

Soberania no Desporto A Lei Geral sobre Desporto conceitua clara e objetivamente que o princípio da soberania se caracteriza pela supremacia nacional na organização da prática desportiva.

Transferência É o ato pelo qual a entidade de prática desportiva que mantém contrato de trabalho com atleta profissional concorda em ceder seus serviços profissionais durante a vigência do contrato, para outra entidade de prática.

Tribunal de Justiça Desportiva É uma entidade com competência para resolver questões de ordem estritamente esportiva, não judiciária.

Legislação

Justiça Desportiva: infrações

Agora que você já conhece o vocabulário esportivo, invista no conhecimento das regras, leis etc.

Em relação às punições, é o Estado, por meio dos órgãos competentes, que reprime atitudes antijurídicas. No Direito desportivo, a Constituição concedeu aos órgãos da Justiça Desportiva o poder de aplicar as penas correspondentes às violações à disciplina e à organização do esporte. O Código Brasileiro de Justiça Desportiva declara: "É punível toda infração disciplinar, tipificada neste Código".

Existem dois tipos de infração: infração às regras do jogo e infrações às normas desportivas em geral.

Infrações às regras do jogo

São as violações às regras e normas específicas de cada modalidade que impedem o desenvolvimento normal do esporte. Essas regras e normas são determinadas pelas respectivas entidades dirigentes internacionais e nacionais, constando dos regulamentos das competições a que se referem.

Há dois tipos. Um é o *erro de interpretação*, que ocorre quando o árbitro dá determinada interpretação ao lance em causa – por exemplo, ele interpreta que o atacante simulou ter recebido uma falta dentro da área, embora as câmaras de TV mostrem que houve

164 Manual do jornalismo esportivo

sua derrubada. O poder discricionário do árbitro é aquilo que é interpretativo. A critério do árbitro, dentro das 17 regras do futebol, por exemplo, ou a conjugação de todas elas, dá a ele o direito de interpretar se foi falta ou não. No caso, por exemplo, se foi ou não pênalti, é interpretativo, não anularia a partida.

O segundo caso é o *erro técnico* ou *erro de direito*, que é aquele que viola a própria regra do jogo, como jogar uma partida de basquete com uma bola de vôlei, ou um time de futebol atuar com 12 jogadores (quando o máximo permitido é de 11). Mesmo na ocorrência de *erro de direito* por parte do árbitro, sua decisão não será modificada. Comprovado o erro de direito, poderá o órgão anular a partida, prova ou equivalente.

Um caso clássico e atual foi anulação do jogo entre Uzbequistão e Bahrein, pelas eliminatórias da Copa do Mundo de 2006, por causa de um pênalti. Um dos esclarecimentos que a Fifa dá sobre esta situação específica é que se um companheiro do batedor se coloca a menos de 9,15 metros, que foi exatamente o que aconteceu, o batedor invadiu a área. Em tais casos, se a bola entrar, deve voltar a ser cobrado o pênalti; Em tais casos, se a bola entrar, deve voltar a ser cobrado o pênalti. Neste caso a bola entrou e o árbitro deu tiro livre indireto, em vez de mandar repetir a penalidade cometendo, portanto, um erro técnico. A decisão não foi inédita, até porque a regra do futebol é centenária, mas causou polêmica e repercussão mundial.

Infrações às normas desportivas em geral

São todas as violações cometidas fora da disputa da partida, do jogo, prova ou equivalente por ação ou omissão, à disciplina e à organização do desporto. São chamadas também transgressão à conduta desportiva. As decisões finais dos processos podem ser: advertência, eliminação, exclusão do campeonato ou torneio, indenização, interdição da praça de desportos, multa, suspensão, desfiliação ou desvinculação aplicados por entidades de administração ou de prática desportiva.

O caso mais significativo de infração às normas desportivas em geral aconteceu por ocasião da descoberta das fraudes cometidas pelo árbitro Edílson Pereira de Carvalho no Campeonato Brasileiro de 2005, fato que ocasionou a anulação, pelo Supremo Tribunal de Justiça Desportiva (STJD), das 11 partidas em que teriam ocorrido as manipulações. Invasões de campo, lançamento de objetos em quadra ou contra a arbitragem também são exemplos de infrações às normas esportivas.

Entidades do esporte

A Lei Pelé diz que a prática formal, ou seja, o esporte de competição, é regulada pelas normas internacionais e nacionais. Assim sendo, existe uma hierarquia a ser respeitada. É um sistema de adoção: *Quer participar, respeite as regras, se não gostou, faça suas próprias regras, pois aqui você não compete.*

Baseado nisto existem duas hierarquias. Uma se refere ao futebol, maior esporte e organização esportiva do mundo que compreende a seguinte hierarquia:

- Fédération Internationale de Football Association (Fifa);
- Confederações continentais (Uefa, Conmebol, Concacaf etc.);
- Federações nacionais (no Brasil, a CBF);
- Federações regionais (paulista, carioca, gaúcha etc.);
- Clubes (Palmeiras, Corinthians, Flamengo, Vasco, Grêmio etc.);

No caso do desporto olímpico, temos a seguinte hierarquia:

- Comitê Olímpico Internacional (COI);
- Federações internacionais (Fiba para o basquete, Fina, para a natação, Iaaf para o atletismo etc.);
- Comitês olímpicos nacionais (COB no caso do Brasil);
- Federações nacionais (CBV para o vôlei, CBB para o basquete, CBT para o tênis etc.);
- Federações regionais (Federação Paulista de Basquete, Federação Paulista de Esportes Aquáticos, Federação Gaúcha de Vôlei etc.);
- Os clubes de cada esporte.

COI

É a entidade máxima dos esportes olímpicos no mundo e responsável pela realização dos Jogos Olímpicos de Verão e dos Jogos Olímpicos de Inverno. O estatuto do COI é a carta olímpica. Este documento resume os princípios fundamentais do olimpismo, define a organização e funcionamento do Movimento Olímpico e fixa as condições para celebração dos Jogos Olímpicos. Todas as federações internacionais, inclusive a Fifa, se subordinam ao COI.

COB

Comitê Olímpico Brasileiro – A principal função do COB é preparar, organizar e levar os atletas brasileiros para os Jogos Olímpicos, Jogos Pan-Americanos e Jogos Sul-Americanos. Os princípios que norteiam sua atuação estão em seu Estatuto e na Carta Olímpica.

Fifa

Fédération Internationale de Football Association. Criada em 1904, é a instituição que controla o futebol mundial. A Fifa organiza o grande campeonato de seleções (a Copa do Mundo), que é realizada de quatro em quatro anos, Mundiais Sub 20, Sub 17, Feminino, Mundial de Clubes e Copa das Confederações. Tem sede em Zurique, na Suíça. A Fifa é a responsável pela divulgação e preservação das 17 "Regras do Jogo", aprovadas pelo IFAB (International Football Association Board) ou, simplesmente, IB. O IB é composto por oito membros, sendo quatro representantes da Fifa e quatro das entidades que o criaram, as associações nacionais da Inglaterra, País de Gales, Irlanda e Escócia.

AFC

Confederação Asiática de Futebol. Representa as seleções de futebol da Ásia.

CAF

Confederação Africana de Futebol. Representa o futebol internacional na África, e organiza a Copa das Nações Africanas.

Uefa

União das Associações Europeias de Futebol. Órgão que administra e controla o futebol europeu. Representa as confederações nacionais da Europa, organizando competições entre nações, entre elas a Eurocopa, que é o principal campeonato de futebol entre seleções do Velho Continente. Das seis confederações continentais da Fifa, é de longe a mais influente.

OFC
Confederação de Futebol da Oceania. É uma das seis confederações continentais de futebol internacional. Promove o jogo na Oceania e permite que as nações-membro se qualifiquem para a Copa do Mundo.

Concacaf
Confederação de Futebol da América do Norte, Central e Caribe. É o órgão que governa o futebol continental na América do Norte, Central e o Caribe. Três entidades da América do Sul, as nações independentes da Guiana e Suriname, e a Guiana Francesa, também são membros.

Conmebol
Confederação Sul-Americana de Futebol. Organiza todos os campeonatos que envolvam os clubes e países da América do Sul. Está sediada em Assunção, no Paraguai. Os campeonatos mais conhecidos são a Taça Libertadores da América, disputado por clubes, e a Copa América, por seleções. Dez nações integram a Conmebol; o Brasil é um dos quatro países fundadores da instituição.

CBF
A Confederação Brasileira de Futebol é a instituição responsável pelo desenvolvimento e organização desse esporte em todo o país. Responsável pela promoção de campeonatos de alcance nacional, como o Campeonato Brasileiro das séries A, B e C e a Copa do Brasil. Também administra a seleção brasileira de futebol. A ela respondem as federações estaduais; está localizada no Rio de Janeiro.

Leis

É fundamental ao jornalista esportivo conhecer as leis que regem a legislação desportiva, para que possa entender melhor os temas esportivos. Historicamente, o esporte conheceu seu primeiro decreto-lei em 1941, em pleno Estado Novo, na era Vargas. Esta primeira lei estabeleceu as bases de organização do esporte no Brasil. Passa pela ditadura militar em 1975 com a Lei nº 6.251. Esse período compreendeu ciclos autoritários, pois somente o esporte de rendimento ou performance foi referenciado nas legislações citadas. É conhecido como Período de Tutela Estatal sobre o Esporte.

Até o governo Collor, o Brasil estava na expectativa no campo social do esporte, pois só existiam uma constitucionalização das práticas esportivas (A Constituição de 1988) e uma lei de incentivos fiscais para as atividades esportivas (Lei Mendes Thame).

Mas faltava uma lei para substituir a Lei nº 6.251/1975, que praticamente já estava revogada. Merece registro no período que antecede a Lei Zico a regulamentação da profissão de treinador de futebol.

A regulamentação do treinador de futebol – Lei nº 8.650
Pontos importantes

Depois de exaustiva campanha das autoridades legislativas e executivas, os treinadores de futebol conseguiram sua regulamentação profissional em 1993. O principal ponto da lei declara que o exercício da profissão de treinador de futebol fica assegurado preferencialmente a quem tem diploma de educação física, ou experiência de cinco anos antes da revogação da lei, ou ainda a quem tenha curso reconhecido por uma entidade análoga. É aí que começa o problema, já que o termo "preferencialmente", deu abertura para quem não tem o diploma exercer a profissão. Ainda temos a Lei nº 9.696, que regulamenta a profissão de Educação Física e diz que o exercício das atividades de educação física e a designação de profissional de educação física é obrigatória aos profissionais registrados nos Conselhos Regionais. Ainda por essa lei, apenas serão inscritos nos quadros dos Conselhos Regionais os profissionais que tenham um diploma obtido em curso superior de educação física ou os que, até a data do início da vigência da lei, tenham comprovadamente exercido atividades próprias dos profissionais de educação física, nos termos a serem estabelecidos pelo Conselho Federal de Educação Física. Isso significa que apenas os formados em educação física podem exercer a função de treinador de futebol. Ou seja, muitos técnicos de futebol estão exercendo a atividade irregular da profissão.

Lei Zico – Lei nº 8.672
Pontos importantes

Como secretário de esportes do governo Collor, Arthur Antunes Coimbra, o Zico, apresentou um projeto, que, apesar de receber várias emendas que modificaram algumas partes do texto original, foi sancionado em 6/7/1993, como Lei nº 8.672, batizada de Lei Zico.

Foi uma das primeiras tentativas de moralizar e modernizar o esporte. Foi também uma tentativa do governo federal em definir o papel do Estado para o incentivo do esporte. A lei toca, pela primeira vez, na questão do "clube-empresa". Uma das questões polêmicas da Lei Zico era o enfraquecimento da Confederação Brasileira de Futebol, pois previa que os clubes ou as ligas passariam a ter direito de estabelecer negociações de direito de TV e marketing, calendário e organização de todos os torneios, e à CBF responderia apenas pela seleção brasileira.

 Regula o contrato de trabalho do atleta profissional, com suas especificidades. Garante ao clube que formou o atleta celebrar com ele o primeiro contrato, com duração de quatro anos. O passe será disciplinado pelo Conselho Superior de Desportos (CSD), a quem é incumbido fixar valores, critérios e condições de pagamento.

 Veda o atleta não profissional com idade superior a 20 anos participar de competições profissionais.

 Consolida nova política distributiva dos recursos da Loteria Esportiva federal, destinando 25% de cada teste exclusivamente à área desportiva, mantendo testes especiais para o COB, além de criar um adicional de 4,5% nos demais concursos numéricos (sena, loto, etc).

 Estabelece que os mandatos dos dirigentes das entidades federais de administração do desporto terão fixada nos estatutos, ajustando-os, se possível, ao ciclo olímpico ou periodicidade de mundiais.

Faculta, no âmbito do desporto profissional, que o clube se transforme, se constitua ou contrate sociedade comercial, com fins lucrativos estimulando assim a criação do chamado clube-empresa.

 Não veda a remuneração a diretores, propiciando o surgimento de administradores profissionais, em substituição aos amadores e "cartolas".

No período entre a Lei Zico (1993) e a Lei Pelé (1998), ocorreram grandes discussões na comunidade esportiva de rendimento, com base na tentativa de estabelecer passe livre aos atletas profissionais de futebol. Essa intenção veio do então ministro extraordinário dos Esportes, Edson Arantes do Nascimento, o Pelé.

Lei Pelé – Lei nº 9.615
Pontos importantes

A Lei Pelé já sofreu diversas alterações. Dentro desta lei, quatro pontos importantes mudaram basicamente: possibilidade de criação das ligas (criação de ligas, tanto nacionais como regionais, absolutamente autônomas e independentes das confederações e das federações); clube-empresa (a transformação dos clubes em empresa); fim do passe (o passe é extinto, alterando completamente a relação entre clube e atleta); Justiça Desportiva (os Tribunais de Justiça Desportiva são "unidades autônomas e independentes" das entidades de administração do desporto de cada sistema).

 Os clubes participantes de competições profissionais precisam transformar-se em sociedades civis de fins econômicos, ou seja, em clubes-empresas. E dá um prazo de dois anos para que o clube se adapte à nova lei. Se um clube quiser transformar seu departamento de futebol profissional em empresa, este poderá fazê-lo sem maiores problemas, mas, se houver o interesse de integralizar o capital desta nova empresa com seus bens, esta integralização deverá ser aprovada, unanimemente pelos seus sócios.

 Cria o Indesp – Instituto Nacional do Desenvolvimento do Desporto. O Indesp apoia o esporte para pessoas portadoras de deficiência.

Anualmente a renda líquida total de um dos testes da Loteria esportiva federal será destinada ao COB para treinamento e competições preparatórias das equipes olímpicas nacionais

 Nos anos de Jogos Olímpicos e Pan-Americanos, a renda líquida de um segundo teste da loteria será destinada ao COB.

 Um dos destinos dos recursos do Indesp será para apoio ao sistema de assistência ao atleta profissional coma finalidade de promover sua adaptação ao mercado de trabalho quando deixar a atividade.

 O Comitê Paraolímpico é reconhecido pela primeira vez numa legislação brasileira.

 É vedada qualquer intervenção das entidades de administração do desporto nas ligas que se mantiverem independentes.

 É lícito ao atleta profissional recusar competir por entidade de prática desportiva quando seus salários, no todo ou em parte, estiverem atrasados em dois ou mais meses.

 Passe livre. Ao terminar o contrato, o atleta profissional tem a liberdade de assumir outro contrato com qualquer entidade de prática esportiva. Com isso, acaba o passe. Entretanto, tal liberdade só entrou em vigor após três anos da data da lei.

 São oferecidas garantias profissionais aos atletas quanto ao não cumprimento de obrigações trabalhistas.

 Os jogos de bingo serão permitidos em todo o território nacional.

Lei Maguito Vilela – Lei nº 9.981
Pontos importantes

Foi aprovada em 2000. Polêmicas como a questão do passe e a necessidade dos clubes profissionais virarem empresas, que já pareciam resolvidas, ganharam novas possibilidades de mudanças, e os principais dirigentes que eram contrários ao estabelecido, reunidos no Clube dos 13 e a CBF, com novo fôlego diante da falta de uma política esportiva concreta do Estado, retornara à cena, fazendo valer praticamente todos os seus posicionamentos nesta lei. A Lei Maguito Vilela alterou profundamente a Lei Pelé, principalmente nos assuntos referentes ao futebol profissional brasileiro.

Torna facultativo à entidade de prática desportiva transformar-se em sociedade comercial. Ou seja, é facultativo o clube virar empresa.

 É transferido para o atleta um percentual sobre transferências – o que era uma obrigação dos clubes em relação à multa contratual.

 Transfere para a Caixa Econômica Federal a autorização e a fiscalização dos jogos de bingo.

Estatuto do Torcedor – Lei nº 10.671
Pontos importantes

Final do campeonato brasileiro, seu time vencendo e minutos antes do apito final, confusão generalizada nas arquibancadas, invasão de campo. O árbitro interrompe a partida e a decisão do título vai para o Tribunal de Justiça Desportiva, o famoso "tapetão".

Com o intuito de garantir que os espetáculos esportivos possam ser desfrutados com tranquilidade, é aprovada em 2003 a Lei nº 10.671. O Estatuto visa a defesa e proteção dos torcedores. As regras do Estatuto do Torcedor determinam, entre outras coisas, que os clubes e federações devem ser transparentes na organização de competições, devem planejar o campeonato com antecedência com clareza e profissionalismo.

Os principais pontos desta lei são:

 Garantir ao torcedor o direito a uma competição organizada quanto aos regulamentos e a venda de ingressos.

 Garantir ao torcedor direito relativo à segurança nos locais de realização das competições; direito a um transporte seguro; direitos referentes à qualidade da alimentação nos estádios e a higiene.

 Cabe à entidade organizadora da competição contratar seguro de acidentes pessoais para cada torcedor. O seguro será válido desde o momento em que o torcedor estiver dentro do estádio.

 Os estádios com capacidade superior a 20 mil pessoas devem ter uma central técnica de informações, com infraestrutura para monitorar por imagens o público presente. Câmeras de vídeo devem ser espalhadas pelo estádio e instaladas junto às catracas eletrônicas, para controlar a entrada e saída de torcedores.

 Para cada grupo de 10 mil torcedores, deve haver um médico, dois enfermeiros e uma ambulância.

O Estatuto garante ao torcedor o conforto de um lugar marcado. A numeração deve estar indicada no ingresso. Para as áreas de assistência em pé já existentes (como a geral do estádio do Maracanã), o número de pessoas deve ser limitado segundo critérios de saúde, segurança e bem-estar.

Lei Agnelo/Piva – Lei nº 10.264
Pontos importantes

Criada em 2001, é uma lei de incentivo fiscal ao esporte. Seu ponto forte é estabelecer que 2% da arrecadação bruta de todas as loterias federais do país sejam repassados ao Comitê Olímpico Brasileiro (COB) e ao Comitê Paraolímpico Brasileiro (CPB). Do total de recursos repassados, 85% são destinados ao COB e 15% ao CPB. A aprovação da lei representou o maior volume de recursos já destinados ao desenvolvimento do esporte olímpico no Brasil.

Código Brasileiro de Justiça Desportiva (CBJD)

Criado em 2003, o CBJD é uma portaria do Conselho Nacional do Esporte da qual constam a organização e as atribuições da Justiça Desportiva de qualquer modalidade. O código é de cumprimento obrigatório, em todo o território nacional, pelas entidades compreendidas pelo Sistema Nacional do Desporto, isto é, por todas as entidades desportivas federadas, bem como pelas pessoas físicas (atletas, médicos, treinadores, massagistas, diretores etc.) e jurídicas a elas direta ou indiretamente filiadas ou vinculadas.

Sugestão de modelo esportivo

Criticamos, mas também damos sugestões. Conheça nossa contribuição para construção de novo modelo de jornada esportiva da **Rádio Caramelo de Taiaçupeba** (RCT).

Há um consenso de que é preciso buscar um novo modelo de reportagem esportiva para acompanhar competições em andamento, geralmente nos finais de semana – as chamadas "Jornadas esportivas". O modelo no ar ainda se inspira nas transmissões das décadas de 1950 e 1960 e, como mostram os números das pesquisas de audiências, estão em queda. É preciso mudar. Para onde?

Rádio Caramelo de Taiaçupeba

Antes de propormos qualquer modelo, vamos a uma reflexão sobre o público-alvo da RCT. O nosso ouvinte de segunda a sexta é o classe média, o executivo, o gerente, aquele que pertence às camadas socioeconômico-culturais A e B.

Tem mais de 30 anos e se interessa por tudo o que pode contribuir para seu sucesso pessoal, principalmente no campo empresarial e de negócios, segundo as pesquisas de uma consultora contratada. Quer prestação de serviço no trânsito e as notícias relevantes do dia, que o municiam tanto no trabalho como em conversa com colegas e amigos. É crítico. Tem opinião formada sobre a maioria dos assuntos e ninguém faz sua cabeça. Informa-se por mais de um meio de comunicação, e por mais de um veículo. Logo, é um público difícil de ser conquistado e mais difícil de ser fidelizado. Para tratar com ele, é preciso constante acompanhamento das mudanças que se processam no mundo, pois ele está com os olhos no futuro e não no passado.

O público-alvo muda no fim de semana?

Teoricamente, não. Só se a RCT pretender atingir um público-alvo durante os dias úteis e outro no final de semana.

Como e com que produto se pode atingir o público-alvo? O ouvinte na RCT não está bebericando uma cervejinha nos botecos das esquinas, ou pendurado em um ônibus a caminho do estádio, ou espremido na geral, ou refestelado na casa da sogra, depois de uma bela macarronada e ligado no radinho de pilha.

Este é o ouvinte da rádio popular. Nada contra, apenas uma caracterização de público.

O ouvinte da RCT prefere ver o jogo na telinha. Sua condição econômica lhe dá acesso à TV por assinatura e mesmo ao *pay-per-view*. Tem DVD, *home theater*, videocassete, telão, televisão de plasma, computador, *laptop* etc.

Vai ao estádio nas grandes decisões, ou quando seu time joga contra uma equipe de fora, pois teme a violência nos estádios; compra cadeiras cobertas e não leva radinho portátil.

Leva o filho e quer comodidade, estacionamento, banheiro limpo e outros "confortos". Compra camiseta, refrigerante, dá uma graninha para o guardador de carros. Quer chegar e sair do estádio rapidamente. Saber se vai chover ou não durante a partida ou a corrida, se há cambistas, policiamento, segurança. Aí entra o rádio. Quer saber onde está o congestionamento, ouvir comentários do jogo, resultados de outros jogos, notícias esportivas e do mundo em geral. Quer prestação de serviço. Muita prestação de serviços.

O que quer o público-alvo da RCT?

O mesmo que de segunda a sexta: notícia, informação.

E até mesmo notícia esportiva. Nosso público não larga a TV, nem abaixa o som para ouvir a narração do Marquinho. Aliás, ele está na rádio popular. Ele ouve no carro se estiver se deslocando à procura de uma televisão para ver o jogo, ou viajando de carro, ou fazendo um churrasco de final de semana no quintal, se não houver TV. Se houver, não liga o rádio.

Se ele quer notícia, porque não encantá-lo com as melhores notícias de final de semana, ou ele vai ter de aceitar que a RCT de segunda à sexta é uma coisa e de sábado e domingo outra? Não basta emitir durante os jogos pequenas pílulas que informam muito pouco e servem mais para manter o *slogan* da marca do que informar. O executivo quer ouvir comentários inteligentes, de alguém que fala sua linguagem, tem a mesma visão do mundo e do mundo dos esportes do que ele. Ridiculariza os repórteres esportivos que fazem aos atletas sempre as mesmas perguntas e obtém as mesmas respostas, ou ficam atrás do gol repetindo as mesmas coisas sempre, sem buscar informações relevantes.

O ouvinte RCT não tem tempo para nada. Nem para acompanhar uma longa transmissão esportiva de uma hora e meia. É perder tempo. Talvez, se estiver no carro, em viagem, ou fazendo um trabalho de final de semana em casa, pode ligar o rádio ou o *real audio* do computador.

Assim mesmo, é isso que a experiência de segunda a sexta tem mostrado, quer notícia objetiva, rápida, com credibilidade e prática. Nada de blábláblá. Quer saber quanto está o jogo do time dele, do seu principal adversário, da classificação geral e de fatos relevantes. Só isso. Está armado para chegar à segunda feira no trabalho e brincar com os amigos sobre a derrota do time deles.

Para isso é preciso uma "Jornada esportiva"?

Conteúdo do final de semana

Uma pesquisa definiu o leitor A/B de jornal como aquele que quer que outros selecionem as notícias para ele.

Não quer as milhares de notícias que estão à disposição dos jornalistas na redação. Quer que o jornalista selecione, edite as mais importantes, explique o que ele não sabe e entregue da maneira mais agradável possível. É o que a RCT faz de segunda a sexta. Não está interessado nas opiniões dos âncoras; aliás, na RCT, o âncora não opina explicitamente, mas quer ouvir os comentaristas especializados, as entrevistas, os resumos, enfim, o necessário. Ele é acima de tudo um pragmático. Nessa linha de raciocínio, ele também não quer ser entupido por dezenas de informações que não fazem parte do seu interesse, que alguns insistem em lhe empurrar goela abaixo. Muda de emissora. Pior. Desliga o rádio.

Um exemplo eloquente é o plantão esportivo, um anacronismo, que entra com uma carrada de resultados da primeira, segunda, terceira divisão, depois mistura com campeonatos europeus, etc etc. Para o ouvinte RCT, basta-lhe seu time do coração e o rival. Depois sobra interesse para alguns outros. Só. Tudo editadinho, curto, bem-humorado, ágil, simpático, inteligente, irônico etc. Nada de repórter falando do estádio longínquo que acompanha outro jogo, pode ser até um clássico regional, mas distante do seu interesse.

É o público-alvo que força o editor do jornal *O Globo* a colocar uma baita foto do gol do Mengão contra o CSA e desprezar o clássico Atlético e Cruzeiro. É o público-alvo que determina que o editor do jornal *O Globo* coloque uma baita foto do gol do Mengão contra o CSA na primeira página do jornal e despreze o clássico Atlético e Cruzeiro. Ou força o editor da primeira página da *Folha de S.Paulo* a colocar a foto do Edmundo brigando e desprezar a goleada do Grêmio sobre o Internacional. Ou condiciona o editor da primeira página da *Folha de S.Paulo* a colocar a foto do Edmundo brigando e desprezar a goleada do Grêmio sobre o Internacional. E se o time da cidade não estiver na final, babau. Nem aparece na primeira página. O futebol some da primeira página, o tênis sem o Guga também some, idem, idem etc., etc., etc.

Onde a RCT deve cultivar a maior audiência? Por acaso é na praça de onde provem as verbas publicitárias? Para isso é preciso ter uma massa de audiência, por isso dentro do público-alvo se destaca o paulista. Ter audiência em São Paulo deve ajudar na vendas, ou será que a TV Globo insiste em transmitir os jogos do Corinthians porque o editor torce para este time?

A TV faz um belíssimo trabalho de edição no seu futebol. Vai no cerne. Certamente acerta graças a pesquisas de opinião, e não ao chutômetro. Nada de um monte de repórteres informando jogo a jogo. Ela, que tem vários repórteres, de afiliadas, poderia "encher a tela" de um link chamando o outro em giros e giros pelo Brasil atrás dos jogos. A TV não faz isso. Não quer desviar o foco do evento que é o jogo do clube de maior torcida, de maior audiência. Não quer estressar o telespectador com informações que não são relevantes para ele. Usa o GC para dar resultados de outros jogos. Às vezes nem fala o resultado. Só mostra o filé: os gols dos outros jogos. Editados. Curtinho. Sem comentários. Com imagem.

Diante de uma fórmula de sucesso como essa, o que resta para o rádio?

Considerando-se que o ouvinte RTC queira o que foi dito acima, é preciso mudar. A tradicional jornada esportiva com locutor, repórter atrás do gol, besteirol, informações inúteis e desinteressantes, velho modelo do rádio *show* já era.

Em São Paulo, existem mais de uma dúzia fazendo a mesma coisa. Até no FM.

Tem de ser outra coisa. É pressuposto que a qualidade dos jornalistas esportivos deve ser a mesma de jornalistas que cobrem outras áreas com noções de isenção, língua portuguesa etc. coisas raras nas rádios populares.

Não há falta de notícias no final de semana. Há a falta de uma programação que consiga juntar os assuntos mais relevantes, geralmente os esportivos, com notícias de outras áreas e apresentá-las dentro do padrão RCT. Noticiário com conteúdo, sem maquiagem, ou transmissões que descaracterizam o que o público-alvo espera da RCT.

De segunda à sexta? Então esporte, principalmente futebol não é notícia? Creio que para boa parte dos ouvintes dos dias úteis não é.

Há uma confusão conceitual. É um engano achar que o campeonato nacional de futebol tem interesse em todo o Brasil. Tem interesse em uma região. Talvez em duas se um time campeão de uma disputar com o campeão da outra. Mas um clássico interessar a todo o país é muito raro. Raríssimo, diríamos. Talvez uma grande final ou uma Copa do Mundo.

Nem a Libertadores da América tem o dom de se tornar noticiário nacional. O noticiário é mais regional. A TV tem a facilidade de regionalizar o jogo. Em vez de entrar o Galvão Bueno, entra o Cléber Machado com um jogo que interessa só a São Paulo. Ou ao Rio. O resto do Brasil tem de se conformar com o que é oferecido ou procurar o jogo em alguma tevê local. A TV Globo não está lá. Sobra a TV a cabo ou o *pay-per-view*, que nem sempre cobrem outros jogos.

Nossa proposta

Os programas do final de semana devem ter:

1. Repórter RCT, como nos dias de semana, de meia em meia hora, sábado e domingo, dia todo;

2. Programas aos sábados e domingos à tarde passando por edição de acordo com o interesse jornalístico geral do dia. Futebol concorre com guerra, com pacote econômico, com noticiário nacional e internacional, com outros esportes, com boas matérias gravadas;

3. A edição faz com que o programa, com esporte no leque de assuntos, seja muito parecido com a programação de segunda a sexta;

4. Há rodízios frequentes de resultados, só com os jogos principais, no estúdio, como se faz durante a semana;

5. A reportagem esportiva concorre com outras reportagens e entra na medida da relevância;

6. Outros esportes entram de acordo com sua importância jornalística;

7. Se ocorrer um quiproquó no mundo ou em Brasília, cessa tudo e muda o assunto;

8. Nada de plantão esportivo. Basta um repórter informando o que ocorre no mundo dos esportes;

9. Uso exaustivo da TV para que o âncora, de viva voz, busque informações que interessam ao cidadão acima enunciado;

Sugestão de modelo esportivo • Rádio Caramelo

10 Nada de narração de gols, só a informação;

11 Repórter no estádio (só um é suficiente) e entra se tiver notícia relevante e concorre com outros repórteres de geral;

12 Nada de vinhetas, eco, *moogs* e outros artifícios bons na rádio popular;

13 Em suma, um programa semelhante ao de segunda a sexta com espaços maiores para o esporte, se tiver.

Referências bibliográficas

ALMEIDA, Marcelo. *Ensinando basquete*. São Paulo: Ícone, 1999.

BARBEIRO, H. e LIMA, P. R. *Manual de telejornalismo*. 2. ed. Rio de Janeiro: Campus, 2005.

_____ e _____. *Manual de radiojornalismo*. 2. ed. Rio de Janeiro: Campus, 2004.

BARROS FILHO, Clovis. *Ética na comunicação*. São Paulo: Summus, 1995.

BETTI, M. *A janela de vidro*: esporte, televisão e educação física. Campinas: Papirus, 1998.

_____. *Violência em campo*: dinheiro, mídia e transgressão às regras no futebol espetáculo. Ijuí: Ed. Unijuí, 1997.

BIZZOCCHI, Carlos "Cacá". *O voleibol de alto nível*: da iniciação à competição. Barueri: Manole, 2004.

BORELLI, Viviane e FAUSTO NETO, Antonio. Jornalismo esportivo como construção. In: *Cadernos de comunicação*. Santa Maria: UFSM, vol. 17, 2002.

BROWN, Gerry e MORRISON, Michael (orgs). *2004 ESPN Sports Almanac*. New York: Hyperion Books, 2003.

BRUNORO, José Carlos e AFIF, Antonio. *Futebol 100% profissional*. São Paulo: Gente, 1997.

BUCCI, Eugenio. *Sobre ética e imprensa*. São Paulo: Companhia das Letras, 2000.

COELHO, Paulo V. *Jornalismo esportivo*. São Paulo: Contexto, 2003.

COHEN, Moisés e ABDALA, Jorge. *Lesões no esporte*: diagnóstico, prevenção a tratamento. São Paulo: Revinter, 2002.

DUAILIBI, Roberto e PECHLIVANIS, Marina. *Duailibi essencial*: minidicionário com mais de 4.500 frases essenciais. Rio de Janeiro: Campus, 2005.

DUARTE, Orlando. *Enciclopédia*: todas as Copas do Mundo. São Paulo: Makron, 1998.

ELIAS, N. e DUNNING, E. *Deporte y Ocio en el Proceso de la Civilización*. México, D. F.: Fondo de Cultura Económica, 1990.

FERRARETTO, Luiz Arthur. *Rádio*: o veículo, a história e a técnica. Porto Alegre: Sagra Luzzatto, 2000.

FONSECA, O. J. A. *O cartola e o jornalista*: influência da política clubística no jornalismo esportivo. São Paulo: ECA, USP, 1981. (Tese de doutorado).

FORD, Richard. *The Sportswriter*. New York: Random House, 1995.

FRISSELLI, Ariobaldo e MANTOVANI, Marcelo. *Futebol*: teoria e prática. São Paulo: Phorte, 1999.

GOLEMAN, Daniel. *Inteligência emocional*. São Paulo: Objetiva, 1999.

GONÇALVES, José Milton. *Gafes esportivas*. Rio de Janeiro: Presença, 1998.

GONÇALVES, Eduardo Tostão. *Tostão*: lembranças, opiniões, reflexões sobre futebol. São Paulo: DBA, 1997.

GOULD. *Fisioterapia em ortopedia e medicina do esporte*. São Paulo: Manole, 2002.

GUERRA, Marcos. *Você ouvinte é a nossa meta*: a importância do rádio no imaginário do torcedor de futebol. Juiz de Fora: Etc, 2002.

HELAL, R. *Passes e impasses:* futebol e cultura de massa no Brasil. Petrópolis: Vozes, 1997.

HITCHCOCK, J. R. *Periodismo Desportivo*. Santa Fé de Bogotá: Voluntad, 1983.

JUNG, Milton. *Jornalismo de rádio*. São Paulo: Contexto, 2004.

KARAM, Francisco José. *A ética jornalística e o interesse público*. São Paulo: Summus, 2004.

_____. *Jornalismo, ética e liberdade*. São Paulo: Summus, 1997.

KOPPLIN, Elisa e FERRARETTO, Luiz Artur. *Assessoria de imprensa*: teoria e prática. Porto Alegre: Sagra Luzzatto, 1993.

KOSOVSKI, Ester. *Ética na comunicação*. Rio de Janeiro: Mauad, 1995.

KRIEGER, Marcilio. *Lei Pelé e legislação desportiva brasileira anotadas*. Rio de Janeiro: Forense, 1999.

KRIEGER, Marcilio et al. *Revista Brasileira de Direito Desportivo*. São Paulo: Instituto Brasileiro de Direito Desportivo – IBDD, n. 1, 2002.

LEITE LOPES, JOSÉ SÉRGIO. A vitória do futebol brasileiro que incorporou a pelada: a invenção do jornalismo esportivo e a entrada dos negros no futebol brasileiro. *Revista da USP*, São Paulo, n. 22, 1994.

MACINTOSCH, P. C. *O desporto na sociedade*. Lisboa: Prelo, 1975.

MANHÃES, Eduardo D. *Política de esportes no Brasil*. 2. ed. Rio de janeiro: Paz e Terra, 2002.

MARANHÃO, Haroldo. *Dicionário de futebol*. Rio de Janeiro: Record, 1998.

MARQUES, José de Melo. *Jornalismo brasileiro*. Porto Alegre: Sulina, 2003.

MEIRIM, José Manoel. *Dicionário jurídico do desporto*. Lisboa: Record, 1999.

MELO FILHO, Álvaro. *Novo regime jurídico do desporto*. Brasília: Brasília Jurídica, 2001.

_____. *O novo direito desportivo*. São Paulo: Cultural Paulista, 2002.

NAPIER, Rodrigo D. *Manual do direito desportivo e aspectos previdenciários*. São Paulo: IOB, 2003.

NUNES, Inácio. *Lei Pelé comentada e comparada:* Lei Pelé x Lei Zico. Rio de Janeiro: Lumen Júris, 2000.

PEREIRA, Arley. *Futebol:* história, regras e fundamentos. São Paulo: Três, s/d.

PETERSON, Lars e RENSTROM, Per. *Lesões do esporte:* prevenção e tratamento. Barueri: Manole, 2002.

PITTS, Brenda G. e STOTLAR, David K. *Fundamentos de marketing esportivo*. São Paulo: Phorte, 2002.

PRONI, Marcelo Weishaupt e LUCENA, Ricardo de Figueiredo. *Esporte:* história e sociedade. Campinas: Autores Associados, 2002.

ORTRIWANO, G. S. *A informação no rádio:* os grupos de poder e a determinação dos conteúdos. São Paulo: Summus, 1985.

RAMOS, R. *Futebol:* ideologia do poder. Petrópolis: Vozes, 1984.

SCHINNER, C. F. *Manual dos locutores esportivos*. São Paulo: Panda, 2004.

TAMBUCCI, P. L.; OLIVEIRA, J. G. M.; COELHO SOBRINHO, J. *Esporte e jornalismo*. São Paulo: Cepeusp, 1997.

TEIXEIRA, Hudson V. *Educação Física e desportos*. São Paulo: Saraiva, 1999.

TEIXEIRA, Tim. *Joaquim Grava:* Medicina Futebol Clube. São Paulo: Artemeios, 2004.

TUBINO, Manoel. *500 anos de legislação esportiva brasileira:* do Brasil Colônia ao início do século XXI. Rio de Janeiro: Shape, 2002.

Pesquisa na internet

Ministério do Esporte
http://www.esporte.gov.br

Comitê Olímpico Brasileiro
http://www.cob.org.br

Educación Fisica y Deportes
http://www.efdeportes.com

Dicionário da bola – Placar
http://placar.abril.com.br/

BBC Deportes
http://news8.thdo.bbc.co.uk/hi/spanish/deportes

F1Mania – Mania de velocidade
www.f1mania.net

Site de Jesús Castañon Rodriguez – especialista em idioma no esporte
www.idiomaydeporte.com

Observatório da imprensa
http://observatorio.ultimosegundo.ig.com.br/

Portal do Direito Desportivo
http://www.marciliokrieger.com.br/

The Sports Network
http://www.sportsnetwork.com/

Entrevistas

Dr. Heraldo Panhoca. Advogado especializado em Direito Desportivo, outubro de 2005.

Dr. Luiz Roberto Martins Castro. Advogado especializado em Direito Desportivo, junho de 2005.

Dr. Marcílio Krieger. Advogado especializado em Direito Desportivo, novembro de 2005.

Dr. Marco Antonio Paes Bezerra. Médico ortopedista especialista em Medicina Esportiva, setembro de 2005.

Orlando Duarte. Jornalista, escritor e historiador, dezembro de 2005.